D1692258

Schreiben und Redigieren – auf den Punkt gebracht!

Ivo Hajnal / Franco Item

Schreiben und Redigieren – auf den Punkt gebracht!

Das Schreibtraining
für Kommunikationsprofis

Verlag Huber
Frauenfeld Stuttgart Wien

Wir danken der Credit Suisse, Sponsoring, Zürich
für die Förderung dieses Werks

Die Deutsche Bibliothek – CIP-Einheitsaufnahme:

Hajnal, Ivo / Item, Franco:
Schreiben und Redigieren – auf den Punkt gebracht! :
das Schreibtraining für Kommunikationsprofis /
Ivo Hajnal / Franco Item. –
Frauenfeld; Stuttgart; Wien: Huber, 2000
ISBN 3-7193-1200-3

© Copyright 2000, Huber & Co. AG, CH-8501 Frauenfeld

Das Werk einschliesslich aller seiner Teile ist urheberrechtlich geschützt.
Jede Verwertung ohne Zustimmung des Verlages ist unzulässig.
Dies gilt insbesondere für Vervielfältigungen, Übersetzungen, Mikroverfilmungen und die Einspeicherung in elektronische Systeme.

Gestaltung und Satz: Atelier Mühlberg, Basel
Herstellung: Arthur Miserez, Frauenfeld
Gesamtherstellung: Huber & Co. AG,
    Grafische Unternehmung und Verlag, Frauenfeld
Einband: Buchbinderei Schumacher, Schmitten

Printed in Switzerland

Inhaltsverzeichnis

Vorwort 7

1 Einführung

Die Mitteilung 11
Sprachlosigkeit – eine Zeiterscheinung? 13
Dem eigenen Text ausgeliefert 16
Der Zweck der Sprache 20

2 Verständlich schreiben – das oberste Gebot

Verständlichkeit belohnt den Leser 25
Verständlichkeit ist messbar 27
Vier Anforderungen, die ein Text erfüllen muss 33
Checkliste zur Textproduktion
   und Textoptimierung 36

3 Leserfreundlichkeit – behandeln Sie den Leser als Freund

Was ist Leserfreundlichkeit? 43
Das leserfreundliche Wort 46
Der leserfreundliche Satz 62
Der leserfreundliche Text 76

4 Logik – führen Sie den Leser durch den Text

Was ist Logik? 85
Der logische Satz 88
Der logische Text 105

5 Präzision – verlieren Sie keine unnötigen Worte

Was ist Präzision?	113
Das präzise Wort	116
Der präzise Satz	128
Der präzise Text	137

6 Anreiz – wecken Sie das Interesse des Lesers

Was ist Anreiz?	145
Das anregende Wort	152
Der anregende Satz	155
Der anregende Text	161

7 Textoptimierung – wie Sie unsere Checkliste in der Praxis nutzen

Redigieren von Texten in der Praxis	165

8 Nützliche Bücher und Websites, ein Glossar der Fachbegriffe und alle Regeln im Überblick

Nützliche Bücher	171
Nützliche Websites	174
Ein Glossar der grammatischen und stilistischen Fachbegriffe	175
Alle Regeln im Überblick	182

Vorwort

Vorgeschichte dieses Buchs

Im Sommer 1996 stellten wir uns die Frage, wie ein ideales Schreib-Trainingsprogramm für Kommunikationsprofis auszusehen habe. Schon bald erkannten wir, dass eine endgültige Antwort noch nicht gegeben war. Zwar existierten auf dem Markt vielerlei Grammatiken, Stilfibeln und Anleitungen zu «besserem Deutsch». Doch richteten sich all diese Arbeiten an ein allgemeines Publikum. Sie waren deshalb nicht auf die Bedürfnisse von Kommunikationsprofis ausgerichtet, für die Schreiben bereits zum täglichen Brot gehört.

Zweck dieses Buchs

Die Arbeit konnte beginnen... und das Resultat präsentieren wir beinahe vier Jahre später. Das vorliegende Buch will zur stärkeren Professionalisierung der Schreibberufe beitragen. Es versteht sich daher nicht als Stilfibel oder Grammatikbuch, sondern als Anleitung zu berufsbezogenem Schreiben. Eine Anleitung, die PR-Redaktoren, Pressesprecher, Journalisten und andere Berufsschreiber unterstützen soll.

Kern unseres Buchs ist ein neues Trainingsprogramm. Dieses Programm basiert auf einer wissenschaftlich erarbeiteten Methode, die von uns im Rahmen neuer Erkenntnisse systematisiert und durch umfangreiche Feldversuche praxisnah übersetzt wurde. Damit bietet dieses Buch zwei erhebliche Vorteile:

- Seine Empfehlungen sind objektiv und orientieren sich nicht an unserem persönlichen Stilempfinden.
- Seine Empfehlungen sind auf die Bedürfnisse von professionellen Schreibern zugeschnitten.

In der Praxis hat sich unser Trainingsprogramm bereits in mehreren Schreibwerkstätten bewährt, die wir in Zusammenarbeit mit dem *Schweizerischen Public Relations Institut SPRI* durchgeführt haben.

Ausblick

Mit diesem Buch ist ein erster Schritt getan. Unsere Arbeit geht jedoch in zweierlei Hinsicht weiter:

- Erstens kann der interessierte Leser das dem Buch zugrunde liegende Lehrmaterial stets aktualisieren. Unter der Adresse *http://www.sageundschreibe.ch/* findet er einen Online-Sprachbeobachter und neue oder aktualisierte Unterrichtsmaterialien.
- Zweitens bleibt «Schreiben als Beruf» für uns auch weiterhin ein Thema. Denn zusammen mit dem *Schweizerischen Public Relations Institut SPRI* planen wir in nächster Zukunft einen Aufbaukurs, der in das neue Berufsbild «PR-Redaktor» mündet.

Dank

Wir danken dem *Schweizerischen Public Relations Institut SPRI* sowie François Mosimann, Kommunikationsfachmann in Winterthur, für die gute Zusammenarbeit und Unterstützung. Ein grosses Kompliment gebührt allen bisherigen Teilnehmern an unseren Schreibwerkstätten für ihre Mitarbeit, Offenheit, Kritik und all die herausfordernden Fragen. Ein letztes Dankeschön geht an Ruth Blaser, die uns mit all ihrer journalistischen Erfahrung in jeder Phase unserer Arbeit unterstützt hat.

Zürich und Münster (Westfalen) im März 2000
Ivo Hajnal, Franco Item

1 Einführung

Einführung

Die Mitteilung

Eine täglich anwachsende Papierflut überschwemmt unsere Schreibtische. Unsere virtuellen Briefkästen quellen über von E-mails. Und einen immer grösseren Anteil unserer Freizeit verbringen wir, indem wir eine unüberschaubare Menge von Websites nach Brauchbarem oder Unterhaltendem durchforsten. Kein Wunder, wir leben schliesslich in der so genannten Kommunikationsgesellschaft.

Da unsere Sprache die Grundlage jeder zwischenmenschlichen Kommunikation bildet, wir aber nur einen Bruchteil der Information direkt und auf mündlichem Weg empfangen können, müssen wir uns zwangsläufig immer mehr mit geschriebener Sprache herumschlagen. Lesen ist unser tägliches Brot.

Allerdings steht es mit der schriftlichen Kommunikation nicht zum Besten. Nehmen wir den aus dem Lateinischen entlehnten Begriff «Kommunikation» für bare Münze, so lässt er sich mit «Mitteilung» wiedergeben. Nicht jeder Text «teilt» jedoch die in ihm enthaltene Information «mit» seinen Lesern.

Beispiel Die folgende Textpassage ist nur in groben Stücken verständlich:

«Mars Lander beschleunigt in Richtung zum roten Planeten – der Mars polares Lander beschleunigte in Richtung zum roten Planeten bei 12.000 MPH Mittwoch und Flugcontroller sagten, daß er auf Ziel für eine historische Landung am Südpol des Planeten am Freitag war. aktuelle Schätzungen ‹The zeigen, daß wir auf Ziel Recht haben,› sagten SAM Thurman, Flugoperationen Manager für das lander am NASA's-Strahl Antrieblabor.»

Selbstverständlich stammt dieses Textbeispiel nicht aus der «freien Wildbahn». Es handelt sich um die maschinelle Übersetzung eines englischen Originaltextes, die vom Übersetzungsdienst *www.babelfish.altavista.com* innert weniger Sekunden angefertigt wurde. Auch wenn dieser Text unter künstlichen Bedingungen verfasst wurde, illustriert er, dass in der heutigen Zeit beileibe nicht mehr jeder Text seine Informationen «mit uns teilt».

Sprachlosigkeit – eine Zeiterscheinung?

Die Feststellung, dass nicht jeder Text im eigentlichen Sinne des Begriffs «Kommunikation» seine Informationen «mit uns teilt», trifft leider auch auf ganz gewöhnliche Texte zu. Texte also, die unter normalen Bedingungen von Menschen und nicht von Maschinen verfasst worden sind.

Die folgenden Textpassagen «teilen» die in ihnen enthaltenen Informationen nur ungenügend «mit» ihren Lesern.

Beispiel 1 Das Unternehmen Mövenpick verkündet in einer Presseinformation (Herbst 1998):

«Die Mövenpick-Gruppe gilt als starker Partner des Schweizer Sports. Er versteht sich als Sponsor für die Stiftung Schweizer Sporthilfe, da die Nachwuchsförderung stark unterstützt wird.»

Den eigentlichen Sinn dieser Aussage kann der Leser nur erraten: «Die Mövenpick-Gruppe ist ein starker Partner des Schweizer Sports. Denn sie ist Sponsor der Stiftung Schweizer Sporthilfe und unterstützt damit die Nachwuchsförderung.» Die Sprachlosigkeit dieser Textpassage wird durch zwei Verstösse gegen die sprachliche Logik verursacht: erstens durch die Wahl des falschen rückbezüglichen Pronomens («die Mövenpick-Gruppe – *er*...» statt «sie»); zweitens durch die Wahl einer sinnwidrigen Konjunktion (der mit «*da*» eingeleitete Satz liefert keine Begründung).

Beispiel 2 Der *Tages-Anzeiger* vom 11. September 1998 veröffentlicht unter dem Titel «*Der neue Teamchef*» eine Glosse zur Wahl des neuen deutschen Fussball-Bundestrainers:

«Nun hat der deutsche Fussball also wieder einmal das abgesteckt, was nicht abgesteckt zu werden braucht: seinen Teller. Der braucht deshalb nicht abgesteckt zu werden, weil er bereits klar definiert ist (‹definiert› liesse sich auch trefflich übersetzen, etwa mit: begrenzt, beschränkt). Der Teller hört am Rand auf. Und zwar nicht an einem linken oder rechten und einem obern oder untern, sondern einfach am Rand. Dort, oder vielleicht etwas zur Mitte hin, standen oder stehen Jupp Heynckes, Rainer Bonhof, Ulli Stielike und Erich Ribbeck und vielleicht noch ein paar weitere, die nicht nur in dieselbe Schule und nicht nur in dieselbe Klasse gegangen sind, sondern auch in derselben Bank gesessen und bei denselben Lehrern ähnliche Noten gehabt haben. Alle ein ‹sehr gut› im Fach Deutsche Tugenden. Dazu die Empfehlung: Taugt zum Assistenten des Nachfolgers und umgekehrt. Weiter als bis zu diesem Rand sieht im deutschen Fussball offenbar niemand...»

Der Autor strebt den Vergleich der deutschen Fussballszene mit einem Teller an. Im Zentrum steht folgendes Wortspiel: Erstens: Der Teller beziehungsweise sein Rand ist klar «definiert». Zweitens: Das Fremdwort «definiert» lässt sich mit deutsch «abgegrenzt» wiedergeben. Drittens: Was «abgegrenzt» ist, ist automatisch beschränkt. Viertens: Daher sind die Verantwortlichen des deutschen Fussballbunds beschränkt.

Es erfordert eine gehörige Portion an Abstraktionsvermögen, die einzelnen Glieder des bildhaften Vergleichs beziehungsweise der Metapher (Verband; Teller mit abgestecktem Rand; Trainerfiguren, die sich auf dem Teller bewegen) zu einem sinnhaften Ganzen zu vereinigen: Erstens treffen nicht alle Wörter den Sachverhalt exakt (vor allem der Übergang vom konkreten «definiert» zum übertragenen «beschränkt» gelingt nicht). Zweitens sind die Sätze überlang und enthalten unnötige Gedanken.

Beispiel 3 Ein Kandidat unseres Feldversuchs (siehe Seite 36) greift zu folgender Formulierung:
«Egoistische Exzesse wie Eigennutz, Opportunismus und Überlebensstrategien seien stellvertretend für andere Begriffe genannt. Soll der einzelne Mensch überhaupt noch den Hochseilakt im Strom der ‹wirtschaftlichen Notwendigkeiten› wagen oder soll er sich auf dem Altar der Sittlichkeit opfern?»

Der Schreiber steigert sich in eine Bildkaskade: ein Hochseilakt im (richtig wäre: über den) Strom der wirtschaftlichen Notwendigkeiten bildet die Alternative zum Selbstopfer auf dem Altar der Sittlichkeit. Jedes einzelne dieser Bilder würde genügen, dem Text Farbe und Würze zu verleihen. In der vorliegenden Form dreht sich die Textaussage hingegen ins Lächerliche.

1   Sprachlosigkeit – eine Zeiterscheinung?

Allen drei Textbeispielen ist also etwas gemeinsam: Sie teilen die in ihnen enthaltenen Informationen nicht oder nur unvollständig mit dem Leser, die Mitteilungen und Absichten ihrer Autoren bleiben unklar und verzerrt. Die Ursachen dieser missglückten Kommunikation sind stets sprachlicher Natur: In Beispiel 1 lässt der Schreiber jeglichen Sinn für logischen Satzbau vermissen. In Beispiel 2 und 3 haben sich die Schreiber zu viel vorgenommen: Sie versteifen sich auf eine bildhafte Sprache, scheitern dabei an mangelnder Präzision oder verfallen in «Schreibhysterie» (siehe Seite 161).

Die oben zitierten Textbeispiele sind keine Einzelfälle (siehe auch Seite 76). Sie zeigen, dass leichtfertiger Umgang mit der Sprache rasch zu Sprachlosigkeit führt. Dass sich unsere Gesellschaft mit dieser Sprachlosigkeit abfindet, zeigt die Werbung. Im folgenden Ausschnitt aus dem Prospekt der Alpenarena Flims-Laax (Wintersaison 98/99) wird Sprache zur Begleitmusik zum Bild degradiert. Ein eigentlicher Sinn oder eine Aussage ist dem Text schwerlich zu entlocken – was freilich gar nicht beabsichtigt scheint.

Der Text dient als Begleitmusik zum Bild – die Werbung macht sich unsere Sprachlosigkeit zunutze.

Dem eigenen Text ausgeliefert

Die Sprachlosigkeit vieler Schreiber ist für den Leser ein Ärgernis. Für den Schreiber selbst hat sie jedoch weiterreichende Folgen: Der Text bleibt «sprachlos» und daher ohne jegliche Wirkung, die ganze Schreibarbeit ist umsonst.

Dabei birgt der leichtfertige Umgang mit der geschriebenen Sprache eine noch grössere Gefahr: die Gefahr, sich ungewollt zu offenbaren oder gar missverstanden zu werden. Die Sprache eines Textes transportiert ausser der reinen Information stets auch verborgene Hinweise, die Rückschlüsse auf die Person des Schreibers, seinen Charakter, seine Geisteshaltung und vieles andere mehr gestatten. Diese verborgenen Hinweise (die Beziehungskomponente) sind für die Wirksamkeit (die Ansprache) eines Textes ebenso verantwortlich wie die bewusst vermittelten Informationen (Informationskomponente):

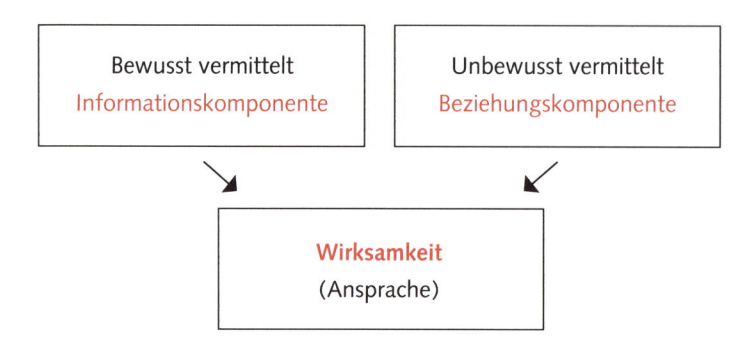

Bewusst vermittelt	Unbewusst vermittelt
Informationskomponente	Beziehungskomponente

Wirksamkeit
(Ansprache)

Einen Eindruck solch verborgener Hinweise geben die beiden nächsten Textbeispiele.

1 Dem eigenen Text ausgeliefert

Beispiel 1 Die Behörden einer Zürcher Vorortsgemeinde wenden sich am Jahresende mit folgendem Schreiben an die Einwohner:

«Liebe Einwohnerin, lieber Einwohner von X

Wieder einmal ist es soweit. Bereits ist es zur Tradition geworden. Es freut mich ganz besonders, Sie auf ein kleines Jubiläum aufmerksam machen zu dürfen – unser 10. Neujahrsblatt! …

Auch dieses Jahr können Sie sich an der interessanten und kurzweilig verfassten Gemeinde-Chronik … erfreuen.

Es freut uns, wenn wir mit dieser Publikation etwas zur Verwurzelung mit unserer Gemeinde beitragen können.

Wir bedanken uns herzlich für die grosse Unterstützung, die wir bis anhin von der Bevölkerung erhalten haben. Dürfen wir auch weiterhin mit Ihrem finanziellen Beitrag rechnen? Die Selbstkosten pro Exemplar betragen Fr. 14.00. Wir sind Ihnen dankbar, wenn Sie uns mittels beiliegendem Einzahlungsschein Ihren Obolus entrichten würden. Beträge über Fr. 50.– werden, wie stets, im nächsten Neujahrsblatt veröffentlicht.

Nun wünschen wir Ihnen, liebe Leserin, lieber Leser, viel Freude und Kurzweile bei der Lektüre des Neujahrsblattes.

Ihnen allen beste Wünsche zu den bevorstehenden Festtagen.

Mit freundlichen Grüssen …»

Der Inhalt dieser Mitteilung ist klar und verständlich: Ein neues Neujahrsblatt ist erschienen, dessen Herstellung finanziert werden soll. Aus diesem Grund werden die Einwohner der Gemeinde um Unterstützung angegangen. Ebenso deutlich wird dem Leser die unterschwellige Haltung der Verfasser, welche die Unterstützung ihres Neujahrsblattes als Selbstverständlichkeit beziehungsweise «erste Bürgerpflicht» ansehen. Verräterisch sind etwa Formulierungen wie

- … *«Es freut uns, wenn wir mit dieser Publikation etwas zur Verwurzelung mit unserer Gemeinde beitragen können.»* Gemeint ist offensichtlich: Wer nicht zahlt, ist in der Gemeinde nicht verwurzelt.
- … *«Dürfen wir auch weiterhin mit Ihrem finanziellen Beitrag rechnen?»* Eine rhetorische Frage, die es nach Ansicht der Verfasser mit einem überzeugten «Ja» zu beantworten gilt.

Dieses Schreiben kann nicht den erwarteten Erfolg haben, denn die verborgenen Hinweise werden gerade die obrigkeitskritischen Bürger verärgern.

Beispiel 2   Die Credit Suisse verschickt an ihre Kunden im Herbst 1999 das eigens produzierte Lifestyle-Magazin *Bonviva*. In dem auf Seite 19 abgebildeten Artikel über die spanische Stadt Bilbao wird das neu errichtete Guggenheim-Museum gepriesen. Zur Geschichte der Guggenheim-Stiftung bemerkt der Autor unter dem Zwischentitel «Indirekte Schweizer Hilfe» Folgendes:

«Dass es die Guggenheim-Stiftung überhaupt gibt, ist auf indirekte Weise ein Verdienst der Schweiz: Hätte sie 1847 ihrem in Lengnau wohnenden jüdischen Mitbürger Simon Guggenheim nicht das Heiraten verboten, wäre er mit seiner Liebsten nicht nach Amerika ausgewandert, der Clan hätte keine Millionen scheffeln und also auch nicht jene Stiftung gründen können, die Solomon R. Guggenheim 1939 in New York ‹zur Förderung und Unterstützung von Kunst und Kunsterziehung› eröffnete.»

Wörtlich genommen besagt diese Passage: «Die Schweizer Behörden haben sich im letzten Jahrhundert mit ihrer antisemitischen Gesetzgebung Verdienste erworben.» Wir wollen dem Autor nicht unterstellen, eine solch zynische Aussage beabsichtigt zu haben. Doch der nächste Lapsus folgt auf dem Fuss: das Verb «scheffeln» unterstreicht die üblichen antisemitischen Klischees.

Wir erkennen eine weitere Dimension des leichtfertigen Umgangs mit unserer Sprache: Im Gegensatz zu den auf den Seiten 13 bis 15 besprochenen Beispielen vermitteln die obigen beiden Textpassagen zwar die gewünschte Information. Doch daneben übermitteln sie verborgene Hinweise, die ungewollt

- … entweder die tatsächliche Geisteshaltung des Verfassers entlarven: so in Textbeispiel 1.
- … oder auf eine vermeintliche Geisteshaltung des Verfassers schliessen lassen: so in Textbeispiel 2.

In beiden Fällen sind die Folgen verhängnisvoll: Die Verfasser sind ihren eigenen Texten hilflos ausgeliefert. Der Text verfehlt die beabsichtigte Wirkung und kann grossen Schaden anrichten.

1   Dem eigenen Text ausgeliefert

DER BOOM VON BILBAO

«Indirekte Schweizer Hilfe» – Zynismus oder sprachliche Hilflosigkeit?

ALLES NEU macht Bilbao! Der abgewirtschaftete Industrieort mit den stillgelegten Eisenhütten im Norden von Spanien boomt wie nie zuvor. Von einem Wunder reden die einen, von einem Phänomen die andern. Das spektakuläre Guggenheim-Museum, vom amerikanischen Stararchitekten Frank O. Gehry in Rekordtempo aus dem Boden gestampft, ist das neue Wahrzeichen der Stadt. Eine Kunst-Kathedrale aus Glas und Titan, ist es nach dem Prado das meistbesuchte Museum in ganz Spanien und gilt als eines der grossartigsten Bauwerke dieses Jahrhunderts. Dass Bilbao den Zuschlag bekam, ist weiss Gott nicht nur das Verdienst von Thomas Krens, dem Chef des Guggenheim-Kunstimperiums. Das Baskenland hat sich das Wunder viel kosten lassen. Hundert Millionen Dollar für das Gebäude, fünfzig Millionen für den Ankauf von Kunst, zwanzig Millionen gingen ans Guggenheim-Stammhaus in New York für Know-how und Programmgestaltung. Stadt, Region und Provinz haben hoch gepokert und – gewonnen! Architekt Gehry, fasziniert von Bilbaos «hartem ästhetischem Charme», sagte über sein Engagement: «Kunstmuseen dienen in allen Metropolen der Welt als Schnittpunkte. Der Standort des Projekts, direkt an der Biegung des Nervion, gibt die Möglichkeit, einen solchen Schnittpunkt in Bilbao zu schaffen. Jeder Architekt würde sich glücklich schätzen, wenn er eine solche Möglichkeit bekommt, an der Erneuerung eines Teils der städtischen Struktur mitzuwirken.»
So entwarf Gehry ein Atrium, das mit seinen 50 Metern Höhe anderthalbmal so hoch ist wie die Rotunda von Frank Lloyd Wrights erstem Guggenheim-Museum in New York. Drei Etagen schlingen sich um dieses Atrium und sind durch ein raffiniertes System geschwungener Brücken, gläserner Lifte und verwinkelter Treppentürme miteinander verbunden. Der grösste Ausstellungsraum ist eine gewaltige, schiffsförmige Galerie, 130 Meter lang und 30 Meter breit, in der auch die riesigen, sperrigen Eisenplastiken eines Richard Serra installiert werden können, die in konventionellen Museen keinen Platz mehr finden.

Indirekte Schweizer Hilfe
Dass es die Guggenheim-Stiftung überhaupt gibt, ist auf indirekte Weise ein Verdienst der Schweiz: Hätte sie 1847 ihrem in Lengau wohnenden jüdischen Mitbürger Simon Guggenheim nicht das Heiraten verboten, wäre er mit seiner Liebsten nicht nach Amerika ausgewandert, der Clan hätte keine Millionen scheffeln und also auch nicht jene Stiftung gründen können, die Solomon R. Guggenheim 1939 in New York «zur Förderung und Unterstützung von Kunst und Kunsterziehung» eröffnete.

Der Zweck der Sprache

Wie auf den Seiten 16 bis 19 gezeigt, scheitern viele Texte an der Sprachlosigkeit ihrer Autoren. Das auf Seite 16 abgebildete Schema zur Wirkung von Texten lässt sich also folgendermassen ins Gegenteil umkehren:

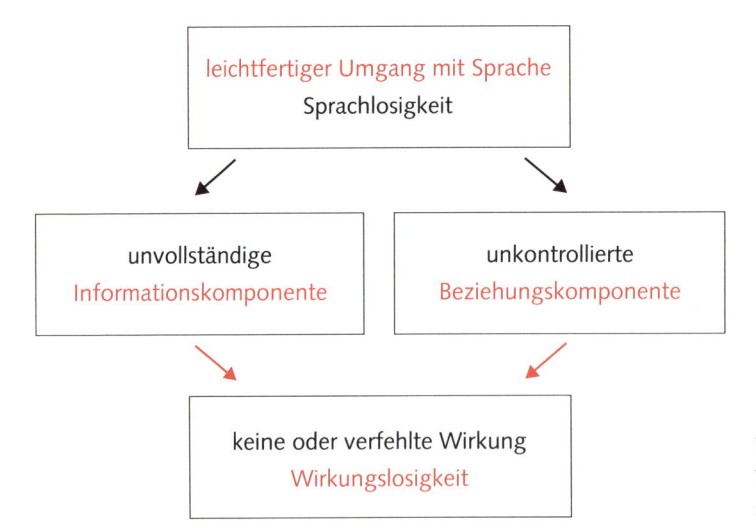

```
        leichtfertiger Umgang mit Sprache
                 Sprachlosigkeit
           ↙                    ↘
     unvollständige        unkontrollierte
  Informationskomponente  Beziehungskomponente
           ↘                    ↙
         keine oder verfehlte Wirkung
                 Wirkungslosigkeit
```

Ursachen für die Wirkungslosigkeit eines Textes.

Viele Schreiber haben sich damit abgefunden, dass ihre Texte nicht die gewünschte Wirkung zeigen. Schreiben wird zur «Glückssache» erklärt. Doch ist Schreiben wirklich «Glückssache»? Wohl kaum! Schreiben kann bis zu einem hohen Grad erlernt und trainiert werden.

Der erste Schritt, dieser allgemeinen Sprachlosigkeit entgegenzusteuern, besteht in einer Rückbesinnung auf den eigentlichen Zweck sprachlicher Kommunikation. Dazu dient folgendes Grundlagenmodell, das die Vorgänge (den Kommunikationsprozess) zwischen Schreiber und Leser illustriert:

1   Der Zweck der Sprache

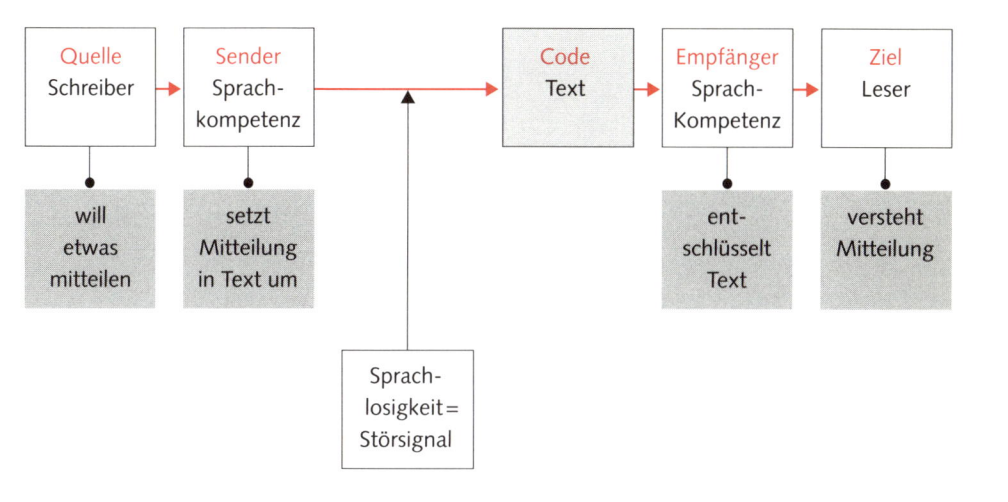

Quelle Schreiber	→	Sender Sprach- kompetenz	→	Code Text	→	Empfänger Sprach- Kompetenz	→	Ziel Leser
will etwas mitteilen		setzt Mitteilung in Text um				ent- schlüsselt Text		versteht Mitteilung

Sprach-
losigkeit =
Störsignal

Zweck der geschriebenen Sprache ist es, die Mitteilung des Schreibers möglichst verständlich zum Leser zu transportieren. Die Kommunikation ist dann geglückt, wenn

- … der Leser erstens alle Informationen erhält, die der Schreiber ihm zukommen lassen will.
- … der Leser sich zweitens ein wirklichkeitsnahes Bild des Schreibers machen kann.

Wie die Abbildung oben zeigt, dient der Text beziehungsweise seine Sprache als Code zwischen Schreiber und Leser. Doch wirkt die beschriebene Sprachlosigkeit als Störsignal in der Kommunikation: dieses Störsignal beeinträchtigt den sprachlichen Code und verhindert damit, dass der Leser den Text in der beabsichtigten Weise entschlüsselt beziehungsweise die Mitteilung in ihrer ursprünglichen Form versteht.

    Erfolgreiche Schreiber sind in der Lage, solche Störsignale zu vermeiden oder sie spätestens beim Durchlesen des Textes auszuschalten. Ihre Texte sind für das Zielpublikum völlig *verständlich*.

    Was lehrt uns die Rückbesinnung auf den Zweck sprachlicher Kommunikation? Wir müssen unser Augenmerk auf die Verständlichkeit des Textes richten. *Verständlichkeit* ist daher das Motto unseres Trainingsprogramms – und das Thema dieses Buches.

2 Verständlich schreiben – das oberste Gebot

Verständlichkeit belohnt den Leser

Sprache ist ein Code für unsere Mitteilungen, Wünsche, Gefühle und von vielem anderen mehr. Aus diesem Grund

- … wollen wir «verstanden» werden, wenn wir sprachlich kommunizieren.
- … will unser Kommunikationspartner «verstehen», was wir ihm mitzuteilen versuchen.

Aus Sicht der Medienwirkungsforschung spricht alles dafür, der Textverständlichkeit besonderes Gewicht beizumessen: Nach dem «uses-and-gratifications»-Ansatz benutzt der Leser unseren Text aktiv und sinnorientiert gemäss seinen eigenen Bedürfnissen: so etwa zum Zweck der Meinungsbildung, zur Informationsbeschaffung, zur Unterhaltung und anderem mehr.

Je weniger verständlich unser Text abgefasst ist, desto weniger «belohnen» wir den Leser für seine Aufmerksamkeit und seine Anstrengungen. Umgekehrt gilt: Je verständlicher unser Text abgefasst ist, desto grösser fällt die «Belohnung» des Lesers aus. Denn

- … der Leser muss keinerlei sprachliche Hürden überwinden. Der Text ist somit *leserfreundlich*.
- … der Leser wird von uns durch den Text geführt (und verbraucht damit weniger geistige Energie). Der Text ist somit *logisch*.
- … der Leser gelangt schneller zu den gewünschten Informationen (und spart damit wertvolle Zeit). Der Text ist somit *präzise*.
- … der Leser empfindet den Text in seiner sprachlichen Form als erfrischend. Der Text ist somit *anregend*.

Beispiel Vor allem von Anzeigen und Informationstexten erwartet der Leser eine rasche und möglichst grosse «Belohnung». Diesem Anspruch wird das im folgenden Ausschnitt abgebildete Inserat («PrintOnline») trotz übersichtlichem Layout nicht gerecht.

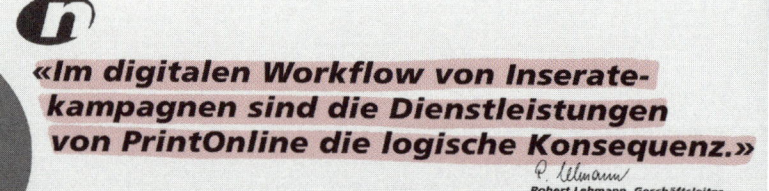

> «Im digitalen Workflow von Inseratekampagnen sind die Dienstleistungen von PrintOnline die logische Konsequenz.»
>
> Robert Lehmann, Geschäftsleiter, nievergelt.pps ag
>
> PrintOnline ist das elektronische Netzwerk für die digitale Übermittlung von Druckdaten. Damit können Feindaten von Drucksachen digital vom Werbeauftraggeber über PrintOnline zu den angeschlossenen Verlagen verschickt werden. So entfällt der zeitlich und finanziell aufwändige Versand von Filmen an die einzelnen Druckereien. Zudem steigt die Druckqualität, da arbeitsintensive Zwischenschritte wegfallen. Vorstufenbetriebe wie nievergelt.pps ag schätzen die Sicherheit der verwendeten geschützten PDF-Files, die garantieren, dass alle einzelnen Grafikelemente einwandfrei übermittelt werden. Weitere Informationen über die sicherste Druckdatenübermittlung erhalten Sie von PrintOnline unter 01/258 17 70.
>
> **Tages-Anzeiger** — Wir sind dabei ▸
> **PRINTONLINE** — schneller ▸ besser ▸ preiswerter

Leserfeindlich, ohne Satzlogik und konkrete Aussage.
Dieses Inserat «belohnt» keinen Leser!

Bereits das Zitat, das als Aufmacher zum Weiterlesen animieren sollte, bestraft den Leser: «*Im digitalen Workflow von Inseratekampagnen sind die Dienstleistungen von PrintOnline die logische Konsequenz.*» Die Anhäufung von Fremdwörtern («digitaler Workflow», «logische Konsequenz») ist leserfeindlich (siehe Seite 50). Die Wortstellung ist wenig übersichtlich (siehe Seite 62). Die Kernaussage («*die Dienstleistungen von PrintOnline sind die logische Konsequenz*») ergibt keinen Sinn, denn wir fragen: «die Konsequenz wovon?» (siehe Seite 76).

Hat sich der Leser zum Kerntext durchgekämpft, verärgert ihn mangelnde Logik wie etwa in der Aussage «*Zudem steigt die Druckqualität, da arbeitsintensive Zwischenschritte wegfallen*» (weshalb steigt die Qualität eines Erzeugnisses, wenn weniger Arbeit investiert wird? Siehe Seite 88).

Regel Seien Sie verständlich, denn Ihr Leser verspricht sich von der Lektüre Ihres Textes einen persönlichen Gewinn.

2 Verständlichkeit ist messbar

Wie gesagt: Ein verständlicher Text «belohnt» den Leser. Ein weiterer, nicht zu unterschätzender Vorteil: Textverständlichkeit ist zumindest ansatzweise messbar. Demnach ist die Beurteilung eines Textes nach seiner Verständlichkeit viel objektiver, als sie es nach anderen, subjektiven Kriterien sein kann. (Das häufigste subjektive Kriterium zur Textbeurteilung ist das persönliche Stilempfinden.)

Zur Messung der Verständlichkeit eines Textes bietet die Kommunikationswissenschaft beispielsweise so genannte «Verständlichkeitsformeln» an. Diese Formeln berücksichtigen die durchschnittliche Länge der Wörter (anhand der Silbenzahl) sowie die Satzlänge; ihren Bemessungsraster (die Konstanten) beziehen sie aus empirischen Untersuchungen (meist Lesetests mit repräsentativen Versuchspersonen).

Am bekanntesten ist die Verständlichkeitsformel von Flesch aus dem Jahre 1948. Der Flesch-Test erfolgt in vier Schritten:

Erster Schritt: Der Text wird in Stichproben von jeweils hundert Wörtern Länge eingeteilt.

Zweiter Schritt: Man bestimmt die Gesamtzahl der Silben (innerhalb der einzelnen Stichprobe) $= wl$. (Anmerkung zur Berechnung: Zahlen und Abkürzungen gelten für die Ermittlung von wl als eine Silbe).

Dritter Schritt: Man bestimmt die durchschnittliche Anzahl von Wörtern pro Satz (innerhalb der einzelnen Stichprobe) $= sl$. (Anmerkung zur Berechnung: für die Ermittlung von sl werden angebrochene Sätze zu Beginn oder am Ende einer Probe in ganzer Länge berücksichtigt).

Vierter Schritt: Die Werte wl und sl werden in folgende Formel eingesetzt:

$$\text{«reading ease»-Wert} = 206.835 - 0.846\,wl - 1.015\,sl$$

Je höher der ermittelte «reading ease»-Wert liegt, desto verständlicher ist der Text. Ein deutscher Text mit einem Wert von 10 bis 30 gilt dabei als relativ schwer verständlich; Prosa bringt es auf einen mittleren Wert zwischen 30 und 50; ein Wert über 50 kennzeichnet einen einfach verständlichen Text.

Beispiel Die in der folgenden Abbildung (Seiten 29–31) gegenübergestellten Texte aus dem *Blick* sowie dem *Tages-Anzeiger* behandeln dasselbe Thema. Der Test nach der Verständlichkeitsformel von Flesch ergibt folgende Werte:

Quelle	*Blick* vom 3. Dezember 1999	*Tages-Anzeiger* vom 3. Dezember 1999
Titel	«Und wieder 1000 Jobs weg... das 3 Wochen vor Weihnachten!»	«Novartis-Entscheid kostet 3000 Stellen»
Probe 1	57,746	34,665
Probe 2	28,671	9,962
Probe 3	31,309	Text beendet
Durchschnitt aller Proben	39,342	22,314

Selbstverständlich ist die Verständlichkeitsformel von Flesch höchst einseitig angelegt, da sie nur Wort- und Satzlänge eines Textes berücksichtigt. Sie besitzt ausserdem den Mangel, dass sie einen inhaltlich verständlichen nicht von einem unverständlichen Text unterscheidet. (Unsere auf Seite 11 vorgestellte Computerübersetzung würde nach der Formel von Flesch gleich bewertet wie die hier verwendeten Zeitungstexte.)

Dennoch ergibt unser Textvergleich nach dem Flesch-Test für die Schreibpraxis einige wichtige Hinweise:

- Heutige Informationstexte gehören grundsätzlich zu den schwerer verständlichen Textgattungen. Selbst ein *Blick*-Text, der auf grosse Verständlichkeit ausgerichtet ist, enthält mehrsilbige Fachbegriffe und zwingt dem Schreiber öfters lange Satzkonstruktionen auf.

Seiten 29–31: Ermittlung des Reading-ease-Wertes zweier Texte zum selben Thema. In eckigen Klammern: Diese Wörter gehören nicht mehr zur Stichprobe von 100 Wörtern.

2   Verständlichkeit ist messbar

Quelle	*Blick* vom 3. Dezember 1999	*Tages-Anzeiger* vom 3. Dezember 1999
Titel	«Und wieder 1000 Jobs weg… das 3 Wochen vor Weihnachten!»	«Novartis-Entscheid kostet 3000 Stellen»
Untertitel	–	«Empörung bei den Gewerkschaften über den Stellenabbau beim neuen Agrokonzern Syngenta.»
Autor(en)	Franz Glinz, Thomas Ley	Roland Schlumpf
Probe 1 (Wort 1–100)	«BASEL – Hört das denn nie auf? Multis und Grossunternehmen bauen in der Schweiz immer mehr Arbeitsplätze ab. Die Hiobsbotschaften folgen sich in rasendem Tempo: Kürzlich Adtranz – 710 Jobs weg. Gestern Novartis – rund 500 Jobs weg. Gestern der Milchriese Swiss Dairy Food – 270 Jobs weg. Und *Blick* weiss: Demnächst steht bei Ciba Spezialitätenchemie ein Verkauf an – erwarteter Jobverlust rund 200. Das alles kurz vor den Festtagen. Viele Arbeiter bangen in der Adventszeit um ihren Job. Die Region Basel wird arg gebeutelt. Um die insgesamt 710 Stellen des Rollmaterialbauers Adtranz, die meisten in Prattein BL, wird noch hart gekämpft. (BLICK [berichtete)]»	«Basel. – Ein halbes Jahr lang suchte Novartis nach einem Partner für die Bereiche Pflanzenschutz und Saatgut, jetzt ist der Entscheid gefallen: Novartis und der britisch-schwedische Konkurrent AstraZeneca legen ihr Agro-Geschäft in einer neuen Gesellschaft mit dem Namen Syngenta mit Sitz in Basel zusammen; Novartis ist mit 59 Prozent, AstraZeneca mit 41 Prozent daran beteiligt. Aus der Fusion entsteht ein Konzern mit 12,4 Milliarden Franken Umsatz und mehr als 20 000 Beschäftigten, davon gut 3000 in der Schweiz. Syngenta wird weltweit die Nummer 1 im Pflanzenschutz und die Nummer 3 im Saatgutgeschäft. Der Zusammenschluss soll jährlich netto 525 Millionen Dollar Kosteneinsparungen [bringen, bei einem geschätzten Restrukturierungsaufwand von 850 Millionen Dollar.]»
Auswertung Probe 1	$wl = 167$ (1,67 Silben/Wort) $sl = 7{,}692$ (7,692 Wörter/Satz) *Reading-ease-Wert* $= 57{,}746$	$wl = 185$ (1,85 Silben/Wort) $sl = 15{,}429$ (15,429 Wörter/Satz) *Reading-ease-Wert* $= 34{,}665$

Quelle	*Blick* vom 3. Dezember 1999	*Tages-Anzeiger* vom 3. Dezember 1999
Probe 2 (Wort 101–200)	«[(BLICK] berichtete). Und schon kam gestern ein neuer Hammer: Der Basler Multi Novartis fusioniert sein zu wenig rentables Agrogeschäft mit jenem des britisch-schwedischen Pharmariesen AstraZeneca zur neuen Firma Syngenta mit Sitz in Basel. Die soll dann rentieren und als grösster Landwirtschaftschemie- und Saatgutproduzent der Erde 13 Milliarden Franken Umsatz und 2,5 Milliarden Gewinn machen. 840 Millionen Franken sollen mit dem Zusammenschluss jährlich gespart werden. Am meisten bringt natürlich der Abbau von weltweit 3000 Stellen. In der Schweiz werden es laut Gewerkschaften rund 500 sein, zusammen mit der bereits im Frühjahr begonnenen Reduktion um 250 Jobs bei der Novartis-Agrochemie. An der Syngenta [bleibt Novartis mit 61 Prozent beteiligt]»	«[Der Zusammenschluss soll jährlich netto 525 Millionen Dollar Kosteneinsparungen] bringen, bei einem geschätzten Restrukturierungsaufwand von 850 Millionen Dollar. Einsparungen erfolgen vor allem, indem über die nächsten drei Jahre weltweit 3000 Arbeitsplätze aufgehoben werden. Wieweit die Schweiz davon betroffen sein wird, wurde noch nicht bekannt gegeben. Die Gewerkschaften reagierten mit Empörung auf den angekündigten Stellenabbau, die Gewerkschaft Syna drohte mit Kampfmassnahmen. Die Aktienmärkte dagegen feierten die Ankündigung von Novartis als Befreiungsschlag, steckt doch das Agro-Geschäft weltweit in einer Krise. Nach der Trennung vom Agro-Geschäft kann sich Novartis fortan ganz auf die Bereiche Pharma und Ernährung konzentrieren. Bevor es so weit ist, bedarf das Milliardengeschäft noch der Zustimmung verschiedener Wettbewerbsbehörden, so [auch der Weko in der Schweiz.]»
Auswertung Probe 2	*wl* = 192 (1,92 Silben/Wort) *sl* = 15,5 (15,5 Wörter/Satz) *Reading-ease-Wert* = 28,671	*wl* = 213 (2,13 Silben/Wort) *sl* = 16,429 (16,429 Wörter/Satz) *Reading-ease-Wert* = 9,962

| Quelle | Blick
vom 3. Dezember 1999 | Tages-Anzeiger
vom 3. Dezember 1999 |
| --- | --- | --- |
| Probe 3 (Wort 201–300) | «[An der Syngenta] bleibt Novartis mit 61 Prozent beteiligt. Dabei sein, wenn die Gewinne steigen. Noch vor Weihnachten dürfte es weitergehen in Basel: Die Ciba Spezialitätenchemie will ihre Konzerndivision Polymere (u. a. Araldit) mit weltweit 3134 Beschäftigten loswerden. ‹Diese Division bringt unseren fünf Kernbereichen zu wenig Synergien›, erklärt Ciba-Sprecher Satoshi Sugimoto zu *Blick*. Also weg damit. Wie viele Stellen in Basel und Monthey VS gestrichen werden, ist noch unbekannt. Und auch in Zürich geht der Jobabbau weiter: 270 Stellen streicht dort der Milchriese Swiss Dairy Food (Toni/Säntis). Der Milchladen krankt noch immer an der verfehlten Schweizer Landwirtschaftspolitik, für die die Büezer dort nichts können.» | «[Bevor es so weit ist, bedarf das Milliardengeschäft noch der Zustimmung verschiedener Wettbewerbsbehörden, so] auch der Weko in der Schweiz.» |
| Auswertung Probe 3 | $wl = 195$ (1,95 Silben/Wort)
$sl = 10,4$ (10,4 Wörter/Satz)
Reading-ease-Wert $= 31,309$ | – |
| Durchschnitt aller Proben | Reading-ease-Wert
im Durchschnitt $= 39,342$ | Reading-ease-Wert
im Durchschnitt $= 22,314$ |

- Vor allem der *Blick*-Text zeigt, dass erfahrene Schreiber die Verständlichkeit bei komplexeren Textgattungen durch bewusste Rhythmuswechsel steigern: so etwa durch eine gezielte Abfolge von längeren und kürzeren Sätzen, das Einstreuen von kurzen Fragen, Ausrufen, kurzen Statements.
- Durch solche Rhythmuswechsel und andere Stilmittel gewinnen Texte nicht nur an Verständlichkeit, sondern gleichzeitig auch an Anreiz und damit an Wirkung (siehe Seite 145).

Regel Seien Sie verständlich – selbst wenn die Gepflogenheiten der modernen Informationstexte Sie oft daran hindern.

Vier Anforderungen, die ein Text erfüllen muss

Wir haben bisher festgehalten, dass

- ... unser Text verständlich sein muss, da wir schliesslich «verstanden» werden wollen.
- ... unser Leser bei der Lektüre eines leicht verständlichen Textes schneller zur erwarteten «Belohnung» kommt.
- ... Verständlichkeit das einzig objektive Kriterium bei der Beurteilung von Texten ist.

Es stellt sich damit die Frage: «*Welche Massnahmen steigern die Verständlichkeit unserer Sprache?*» Oder umgekehrt formuliert: «*In welcher Hinsicht verstösst unsere Sprache gegen die Gebote der Verständlichkeit?*»

Die Verständlichkeitsformel von Flesch (siehe Seite 27) gibt erste Hinweise zur Gestaltung verständlicher Texte. Konkretere Antworten auf diese Fragen liefert das Psychologenteam I. Langer, F. Schulz v. Thun und R. Tausch in ihrer Studie *Verständlichkeit in Schule, Verwaltung, Politik und Wissenschaft. Mit einem Selbsttrainingsprogramm zur verständlichen Gestaltung von Lehr- und Informationstexten* (1. Auflage, München/Basel 1974).

Das aus dieser Studie hervorgegangene so genannte «Hamburger Modell» beruht auf systematischen Leserbefragungen. In diesen Befragungen hatten die Testleser jeweils verschiedene Texte subjektiv nach Kriterien zu bewerten, die dem Psychologenteam für die Verständlichkeit relevant erschienen. Im Verlaufe der Lesetests ergab sich eine Liste von zahlreichen Merkmalen, die sich insgesamt in vier so genannte «Dimensionen» gliedern liessen:

- Dimension 1: Leserfreundlichkeit
- Dimension 2: Logik
- Dimension 3: Präzision
- Dimension 4: Anreiz

Bei diesen Dimensionen handelt es sich um dieselben Anforderungsstufen, die wir bereits auf Seite 25 anhand des «uses and gratifications»-Ansatzes erarbeitet haben.

In der folgenden tabellarischen Darstellung der einzelnen Anforderungsstufen haben wir die vom Hamburger Modell genannten Kriterien deutlicher strukturiert. So verteilen wir die Kriterien auf eine Wortebene, eine Satzebene sowie eine Textebene. Dabei bezieht sich

- ... die *Wortebene* auf Massnahmen beziehungsweise Verstösse, die ein Einzelwort betreffen.
- ... die *Satzebene* auf Massnahmen beziehungsweise Verstösse, die einen Satzteil aus mehreren Einzelwörtern oder einen Einzelsatz betreffen.
- ... die *Textebene* auf Massnahmen beziehungsweise Verstösse, die mindestens zwei Einzelsätze betreffen.

Damit lassen sich die Anforderungsstufen beziehungsweise die darin enthaltenen Kriterien des Hamburger Modells wie in der folgenden Abbildung darstellen:

1. Anforderungsstufe: Leserfreundlichkeit

anzustreben sind:		zu vermeiden sind:
geläufige Wörter, konkrete Begriffe	Wort	ungeläufige Wörter, abstrakte Begriffe
kurze Sätze	Satz	verschachtelte Sätze
nachvollziehbarer Text	Text	abwegiger Text

2. Anforderungsstufe: Logik

anzustreben sind:		zu vermeiden sind:
folgerichtige Sätze	Satz	zusammenhangslose Sätze
Text, der den Leser führt	Text	Text, der den Leser sich selbst überlässt

3. Anforderungsstufe: Präzision

anzustreben sind:		zu vermeiden sind:
treffende Wörter	Wort	austauschbare Wörter
schlanke Sätze	Satz	überladene Sätze
geradliniger Text	Text	abschweifender Text

4. Anforderungsstufe: Anreiz

anzustreben sind:		zu vermeiden sind:
anregende Wörter	Wort	herkömmliche Wörter
abwechslungsreicher Satzrhythmus	Satz	eintöniger Satzrhythmus
packende Textdramaturgie	Text	nicht erkennbare Textdramaturgie

Die sprachlichen Anforderungsstufen der Textverständlichkeit nach dem Hamburger Modell (in veränderter Form).

Checkliste zur Textproduktion und Textoptimierung

Das auf Seite 35 vorgestellte Modell bietet eine Vielzahl von Hinweisen, die für die Schreibpraxis nützlich sind. Doch wird es den Anforderungen eines praxisnahen Schreibtrainings für geübte Schreiber nicht gerecht. Denn es lässt offen,

- ... welche konkreten Verstösse den vier Anforderungsstufen zugerechnet werden können.
- ... in welchem Umfang diese Verstösse gerade von geübten Schreibern begangen werden.

Um diese beiden Fragen zu klären, unternahmen Ivo Hajnal und Franco Item in Zusammenarbeit mit Jan Karbe in den Jahren 1997 bis 1999 einen Feldversuch in vier Schritten:

Erster Schritt: In einer ersten Versuchsreihe hatten 74 Kommunikationsfachleute (und daher geübte Schreiber) im Rahmen eines PR-Diplomkurses einen Pressetext sowie eine Rede zum gleichen Thema zu verfassen. Die insgesamt 138 Texte wurden auf Verstösse gegen Grammatik, Stilistik und Textverständlichkeit untersucht.

Zweiter Schritt: Die dabei festgestellten Verstösse wurden den vier Anforderungsstufen des Hamburger Modells zugeordnet.

Dritter Schritt: Sofern die Verstösse bei den Testpersonen gehäuft auftraten, wurden sie in eine Checkliste zur Textproduktion und Textoptimierung aufgenommen. Diese Checkliste ist übersichtlich in der folgenden Abbildung (Seiten 37/38) dargestellt. Sie bildet die Grundlage unseres Trainingsprogramms.

Vierter Schritt: Die Tauglichkeit der Checkliste wurde in einer zweiten Versuchsreihe im Rahmen von drei Schreibwerkstätten bestätigt: Teilnehmer dieser Schreibwerkstätten waren wiederum Kommunikationsfachleute, die als Zertifikatsarbeit einen Pressetext zu verfassen hatten. Die insgesamt 59 Texte wurden nach der Checkliste geprüft. Dabei ergab die Auswertung grundsätzlich dasselbe Bild wie in der ersten Versuchsreihe.

Die relative Häufigkeit der einzelnen Verstösse ist in den ausführlicheren Checklisten unter den Abbildungen auf den Seiten 45, 86, 115 und 151 angegeben. Sie errechnet sich aus dem Durchschnitt der Häufigkeit, wie sie in der ersten Versuchsreihe beziehungsweise in der zweiten Versuchsreihe festgestellt wurde.

Nr.	Was zeichnet unseren Text aus?	Was ist zu vermeiden?
1. Leserfreundlichkeit		
1.1.1	■ Bekannte Fachbegriffe und Namen	– Nicht erklärte Fachbegriffe und Namen, häufige Synonyme
1.1.2	■ Massvoller und korrekter Gebrauch von Fremdwörtern	– Überflüssige Fremdwörter – Falsch verwendete Fremdwörter
1.1.3	■ Übersichtliche Wörter	– Reihenbildungen – Augenblickskomposita
1.1.4	■ Konkrete Ausdrucksweise	– Abstrakte Begriffe
1.2.1	■ Übersichtliche Wortstellung	– Satzklammern – Missverständliche Wortstellung (Objekt vor Subjekt)
1.2.2	■ Elegante Satzkonstruktion	– Nominalgruppen – Klemmkonstruktionen – Verschachtelte Haupt- und Nebensätze
1.2.3	■ Direkte Ausdrucksweise	– Passive statt aktive Verben
1.3.1	■ Einfaches Textverständnis	– Nur durch Zusatzvermutungen verständliche Textpassage («hinkende Texte», «Sprachdummheiten») – Unverständliche Textpassage

Nr.	Was zeichnet unseren Text aus?	Was ist zu vermeiden?
2. Logik		
2.1.1	■ Klare Satzanschlüsse	– Fehlende oder unlogische Satzanschlüsse durch Konjunktionen – Missverständliche oder falsche Satzanschlüsse durch Pronomen
2.1.2	■ Richtige Wahl der verbalen Zeiten und Aussageweisen	– Falsche Wahl der Zeiten (vor allem Vergangenheit) – Falsche Wahl der Aussageweisen
2.2.1	■ Angemessene Informationsgestaltung	– Fehlende Informationen
2.2.2	■ Logische Gedankenreihung	– Gedankensprünge (fehlender Zwischengedanke)
3. Präzision		
3.1.1	■ Aussagekräftige Begriffe	– Modalverben und überflüssige Modalpartikel – «Allerweltswörter» und Indefinita
3.1.2	■ Gemässigte Wortwahl	– Ungerechtfertigte Übertreibungen (Superlative)
3.1.3	■ Treffende Wortwahl	– Semantisch unzutreffende Begriffe
3.2.1	■ Straffe Ausdrucksweise	– Pleonasmen – Tautologien
3.2.2	■ Schlanke Informationsaufteilung	– Überlange Sätze
3.3.1	■ Zielgerichtete Textgestaltung	– Unnötige Redundanz (Sachverhalte unnötig wiederholt) – Keine klare Informationshierarchie (Hauptsächliches in Nebensätzen, Unwichtiges vor Wichtigem)

Nr.	Was zeichnet unseren Text aus?	Was ist zu vermeiden?
4. Anreiz		
4.1.1	■ Kreative Wortwahl	– Wortgleichklang
4.2.1	■ Abwechslungsreicher Satzbau	– Monotone Satzstruktur
4.2.2	■ Farbiger Satzinhalt	– Floskeln
4.3.1	■ Anregende Textgestaltung	– «Aufgeblasenes» Thema («Schreibhysterie»)

Die in unserer Checkliste aufgelisteten Empfehlungen beziehungsweise Verstösse gelten grundsätzlich für alle Textsorten: also auch für Informationstexte, PR-Mitteilungen, Presseartikel usw.

Die hier vorgestellte Checkliste zur Textproduktion und Textoptimierung beseitigt zwei Nachteile des Hamburger Modells:

- Das Hamburger Modell geht in der Zuweisung konkreter sprachlicher Massnahmen an die einzelnen Anforderungsstufen recht willkürlich und unsystematisch vor. Wir haben versucht, diesen Mangel zu beheben: Zu diesem Zweck verglichen wir die Resultate unseres Feldversuchs mit den Empfehlungen klassischer Stilistiken; so etwa mit den Empfehlungen der Standardwerke von W. Schneider und W. Sanders (siehe Literaturliste). Dadurch konnten wir die sprachlichen Verstösse gegen die Verständlichkeit, die wir bei unseren Versuchspersonen festgestellt hatten, systematisch klassifizieren.

- Das Hamburger Modell gewichtet die einzelnen Empfehlungen beziehungsweise Verstösse nicht in ihrer Bedeutung für die Textverständlichkeit. Unser Feldversuch, der die relative Häufigkeit der einzelnen Verstösse bei der Textproduktion nachweist, beseitigt dieses Manko.

In den folgenden Abschnitten stellen wir die einzelnen Anforderungsstufen beziehungsweise die in der Checkliste vorgesehenen Empfehlungen vor.

3 Leserfreundlichkeit – behandeln Sie den Leser als Freund

Was ist Leserfreundlichkeit?

Jeder Schreiber ist zur Leserfreundlichkeit verpflichtet. Wie auf den Seiten 16 ff. gezeigt, verrät jeder Text etwas über das Verhältnis des Schreibers zu seinem Leser:

- Nimmt der Schreiber dem Leser gegenüber eine gleichgültige Haltung ein, bemüht er sich nicht besonders um Leserfreundlichkeit. Dem Leser bleibt dies nicht verborgen; im schlimmsten Fall wird er den Text kopfschüttelnd beiseite legen und sich einer anderen Tätigkeit zuwenden.
- Ist der Schreiber umgekehrt bemüht, dem Leser den Einstieg in die Lektüre zu erleichtern und allfällige Lesehemmnisse zu überwinden, wird der Leser diese entgegenkommende Grundhaltung mit erhöhter Aufmerksamkeit belohnen.

Das Wesen der Leserfreundlichkeit illustriert folgende Gegenüberstellung zweier Mustertexte, die den Begriff «Raub» umschreiben. Wir haben die beiden Texte der Beispielsammlung von I. Langer, F. Schulz v. Thun und R. Tausch (siehe Seite 33) entnommen:

Text 1	Text 2
«Was ist Raub? – Raub ist dasjenige Delikt, das jemand, sofern die Intention der rechtswidrigen Aneignung besteht, durch Entwendung eines ihm nicht gehörenden Gegenstandes unter Anwendung von Gewalt oder von Drohungen gegenüber einer anderen Person begeht.»	«Was ist Raub? – Jemand nimmt einem anderen etwas weg. Er will es behalten. Aber es gehört ihm nicht. Beim Wegnehmen wendet er Gewalt an oder droht dem anderen, dass er ihm etwas Schlimmes antun werde. Dieses Verbrechen heisst Raub.»

Der Unterschied zwischen beiden Texten ist klar: Text 2 ist viel leserfreundlicher als Text 1. Betrachten Sie hierzu folgende Gegenüberstellung:

Text 1	Text 2
unnötige Fremdwörter («Delikt, Intention»)	einfache Alltagswörter
abstrakte Wortwahl («Entwendung, Aneignung»)	konkrete Wortwahl, viele Verben («wegnehmen, drohen, antun»)
verschachtelter Satz	einfache Hauptsätze
schwierige Nominalgruppen («… eines ihm nicht gehörenden Gegenstandes unter Anwendung von Gewalt oder von Drohungen gegenüber einer anderen Person …»)	keine schwierigen Satzkonstruktionen

Regel Am Anfang jedes Schreibens steht die Leserfreundlichkeit: Erleichtern Sie den Texteinstieg, beseitigen Sie Lesehemmnisse, behandeln Sie den Leser zuvorkommend.

Wir werden im Folgenden erkennen, dass sich Leserfreundlichkeit mit einfachen Massnahmen erreichen lässt. Daher steht die Leserfreundlichkeit am Anfang unseres Trainingsprogramms. Eine präzise Übersicht zur Leserfreundlichkeit bietet unsere Checkliste «Leserfreundlichkeit» in der folgenden Abbildung.

Checkliste «Leserfreundlichkeit»

Nr.	Was zeichnet unseren Text aus?	Was ist zu vermeiden?	Häufigkeit des Verstosses im Feldversuch (siehe Seite 36)
1. Leserfreundlichkeit			
1.1.1	■ Bekannte Fachbegriffe und Namen	– Nicht erklärte Fachbegriffe und Namen, häufige Synonyme	18,5 %
1.1.2	■ Massvoller und korrekter Gebrauch von Fremdwörtern	– Überflüssige Fremdwörter – Falsch verwendete Fremdwörter	29,5 %
1.1.3	■ Übersichtliche Wörter	– Reihenbildungen – Augenblickskomposita	18,9 %
1.1.4	■ Konkrete Ausdrucksweise	– Abstrakte Begriffe	47 %
1.2.1	■ Übersichtliche Wortstellung	– Satzklammern – Missverständliche Wortstellung (Objekt vor Subjekt)	33,2 %
1.2.2	■ Elegante Satzkonstruktion	– Nominalgruppen – Klemmkonstruktionen – Verschachtelte Haupt- und Nebensätze	42,2 %
1.2.3	■ Direkte Ausdrucksweise	– Passive statt aktive Verben	35,6 %
1.3.1	■ Einfaches Textverständnis	– Nur durch Zusatzvermutungen verständliche Textpassage («hinkende Texte», «Sprachdummheiten») – Unverständliche Textpassage	122,8 %

Das leserfreundliche Wort

Namen und Fachbegriffe – bitte erklären!

Das Problem

Nummer 1.1.1 der Checkliste behandelt den Gebrauch von Namen und Fachbegriffen: Die Verständlichkeit eines Texts sinkt mit der Anzahl ungewohnter oder unbekannter Begriffe. Im Sinne der Leserfreundlichkeit sind Namen und Fachbegriffe daher stets einzuführen oder zu erklären. Ein Spezialfall: Die wiederholte Nennung desselben Sachverhalts unter verschiedenen Bezeichnungen (Synonymen) kann Verwirrung stiften und ist zu vermeiden.

Namen und Fachbegriffe

Es ist ein Gebot der Leserfreundlichkeit, Namen und Fachbegriffe einzuführen und zu erklären. Selbstverständlich weiss heute (beinahe) jedermann, dass es sich beim «SPI» um den «Swiss Performance Index» handelt oder mit «Herrn Clinton» der amerikanische Präsident gemeint ist. Dennoch sollten Abkürzungen mindestens einmal ausgeschrieben und Personen mit Vornamen und Titel eingeführt werden. Eine Ausnahme bilden höchstens Texte, die für ein Fachpublikum gedacht sind.

Beispiel Folgende Pressemitteilung kündigt ein neues Produkt an: «Das BlueKit, ein *integriertes AFP/IPDS Kit für HP Laserjets* (ab HP4), ermöglicht direkte *IPDS Anbindung mit dem AS/400 oder ES/390 System über SNA oder TCP/IP* zu Ihrem Drucker, ohne den Gebrauch von zusätzlichen Printservern oder Hardware interfaces. Die *nativen IPDS SIMM oder DIMM werden einfach in die freien Slot's gesteckt*, den *AS/400* gemäss Handbuch konfiguriert und schon drucken Sie den sicheren und schnellen IPDS (Intelligent Printer Data Stream).»

Abgesehen von einigen grammatischen Versehen – ein solcher Text ist nur für Insider verständlich und wohl auch nur für solche bestimmt. Immerhin: Das Gewissen des Verfassers meldet sich am Schluss des Abschnitts, wo das mehrfach verwendete Kürzel «IPDS» endlich ausgeschrieben wird.

Eine Anhäufung von Fachwörtern führt zu Fachjargon, der immer leserfeindlich ist. Denn wie folgendes Beispiel zeigt, grenzt Fachjargon grosse Lesergruppen aus.

Beispiel Das im folgenden Ausschnitt abgebildete Schreiben kündigt eine Podiumsdiskussion an und richtet sich demnach an ein grosses (akademisches) Publikum.

Fachverein Geschichte
des Historischen Seminars
der Universität Zürich
Karl Schmid-Str. 4
8001 Zürich

Zürich, den 1. November 1999

An die Dozentinnen und Dozenten
der Philosophischen Fakultät der Universität Zürich

Sehr geehrte Damen und Herren

Wir erlauben uns, Sie auf eine Podiumsdiskussion hinzuweisen, die der Fachverein Geschichte unter dem Titel „Gleichstellung und Gender Studies – zwei wissenschaftspolitische Forderungen im Clinch?" am 16. November in der Aula der Universität Zürich veranstaltet. Nähere Angaben zu den PodiumsteilnehmerInnen und zur breiten Abstützung der Veranstaltung können Sie dem beigelegten Flyer entnehmen.

Unter dem Slogan „Sex und Gender in allen Positionen" wollen wir erstens auf die eklatante Untervertretung von Frauen in höheren akademischen Positionen aufmerksam machen. ==Das biologische Geschlecht (Sex) strukturiert nach wie vor die individuellen Karriereverläufe zu Gunsten von Männern. Zweitens fordert der Slogan die Berücksichtigung von Geschlecht (Gender) als soziale Kategorie in der wissenschaftlichen Lehr- und Forschungspraxis.==

Im Zentrum der Podiumsdiskussion steht nicht die Legitimität beider Forderungen. Vielmehr geht es um die Frage, wie sich Gleichstellung und Gender Studies zueinander verhalten. Oft werden die beiden Anliegen miteinander verbunden und treten dann in der Praxis (Stichwort: Berufungen) in einen Clinch zueinander.

Es würde uns freuen, auch Sie zum Publikum zählen zu dürfen.

Fachjargon grenzt aus! Das unverdauliche Soziologendeutsch wird viele Leser vom Besuch der Podiumsdiskussion abhalten.

Diese Einladung strotzt von Soziologendeutsch: Bezeichnend sind Aussagen wie:

«Das biologische Geschlecht (Sex) *strukturiert* nach wie vor die individuellen *Karriereverläufe* zu Gunsten von Männern.»
«Zweitens fordert der Slogan *die Berücksichtigung von Geschlecht (Gender) als soziale Kategorie* in der wissenschaftlichen Lehr- und Forschungspraxis.»

Ein solches Schreiben ist wenig «einladend».

Wir meinen daher: Fachjargon gehört in Fachkreise. Ist er unvermeidlich, dann müssen dem Leser ergänzende Informationen geboten werden.

Synonyme

Neben Namen und Fachbegriffen müssen auch Synonyme leserfreundlich verwendet werden. Viele Schreiber versuchen krampfhaft, Wortwiederholungen zu vermeiden. Sie erwähnen daher den gleichen Erzählgegenstand im selben Text unter verschiedenen bedeutungsähnlichen Bezeichnungen (das heisst: mit Synonymen). Die Folgen für den Leser: Ohne Hintergrundwissen werden die Synonyme dunkel und unklar. Zusätzlich sind viele dieser Synonyme abgedroschen und brauchen mehr Silben als der ursprüngliche Begriff. Ein paar Beispiele:

«die Leuchtenstadt» für «Luzern»
«die Limmatstadt» für «Zürich»
«der nationale Carrier» für «die Swissair»
«die Pyrenäenhalbinsel» für «Spanien und Portugal»

Beispiel Der im folgenden Ausschnitt abgebildete Text «Die Rohrers auf Erfolgskurs» aus der *Südostschweiz* vom 18. November 1998 zeugt von regelrechtem «Synonymenrausch». Die Sportlerin Joelle Rohrer ist unter mindestens einem Dutzend verschiedenen Begriffen erwähnt, so etwa: «die Schwester», «die herzerfrischend lachende Blondine», «das draufgängerische Girl», «das Multitalent», «die attraktive Schönheit» und anderen mehr. Der Text wirkt reisserisch, die Formulierungen sind abgedroschen.

Das leserfreundliche Wort

SPORT — Mittwoch, 25. November 1998

PORTRÄT
Die Rohrers auf Erfolgskurs

Von Hans Estermann

Sie verstanden sich von klein auf ungewöhnlich gut. Sie würden füreinander durchs Feuer gehen. Sie könnten miteinander Pferde stehlen. Joelle und Fabien Rohrer sind mehr Kollegen als Geschwisterpaar. Der (um drei Jahre) ältere Bruder machte seiner *jüngeren Schwester* so viel drolligen Blödsinn vor, dass sich die *herzerfrischend lachende Blondine* ein besseres Vorbild nicht hätte vorstellen können. Das betraf auch den Sport. Über Fabien geriet Joelle in die Snowboard-Szene.

*

Furioser hätte sich der Auftakt der sportlichen Karriere des *draufgängerischen Girls* nicht gestalten können. Zwei Jahre nach den ersten Gehversuchen in der Halfpipe war die Bernerin Junioren-Weltmeisterin. Doch die Begabungen *des Multitalents* waren zu vielseitig. Es tanzte auf zu vielen Hochzeiten. Joelle war Ballett-Tänzerin, pflegte den Jazztanz, belegte Gesangsstunden, betätigte sich als Soul-, Beat- und Hip-Hop-Sängerin und tollte in den Snowboard-Pipes herum. Dass unter diesen Omni-Aktivitäten die Schule litt, entsprach keinem Wunder. Also ging *die attraktive Schönheit* in sich und beschloss, den Handelsschulabschluss in den Vordergrund zu stellen.

Dass *die waschechte Amateurin* unterdessen trotzdem Schweizer-Meisterschafts-Bronze und -Silber unter den «Grossen» gewann, Zehnte der letzten Europameisterschaft wurde und in diesem Frühling denselben Platz am Weltmasters in Davos belegte, spricht für ihr aussergewöhnliches Flair für diese spektakuläre Trendsportart. Die Konzentration auf die bürgerlich-berufliche Ausbildung hat sich ebenfalls gelohnt. Zu diesem Saisonbeginn steht *das Willensbündel* mit Handelsdiplom und Führerschein vor dem ersten Snowboard-Profi-Winter.

*

Die 28. der Weltrangliste freut sich kindlich auf das Profi-Abenteuer, das in diesen Tagen in Laax beginnt: «Es gibt mir einen unheimlich Auftrieb, dass der Traum in Erfüllung ging, das Hobby zum Beruf zu machen. Ich werde versuchen meine ganz geheimen Ziele zu erreichen. Ich gebe diese nicht preis, weil ich mich nicht selber unter Druck setzen möchte. Ich will nicht müssen. Ich weiss, wie hoch mein eigenes Niveau ist und werde ganz einfach darauf bedacht sein, 120 Prozent zu geben», blickt *das kreuzfidele Wesen* schelmisch in die Zukunft.

*

Dass *die «mentale Wucht»* letztes Jahr trotz Stress in der Weltrangliste von Platz 48 auf Rang 28 kletterte und dass sie die Top 16 ins Visier genommen hat, liess sie allemal durchsickern. Ganz so einfach wird das insofern nicht sein, als sich *die umschwärmte Single* ohne festen Anhang mit der Europatour zu begnügen haben wird: «Für den US- und Japan-Trip reichen die Mittel aus dem Sponsoring und aus Massagen beim Grossmammeli nicht», scherzte *die kecke Newcomerin*, die stolz darauf ist, sich selbst zu finanzieren.

*

Diese harte Schule hat Fabien, der sich kürzlich aus der Zweisamkeit mit Stephanie Berger in eine Junggesellenbude in «sein» Münsingen zurückgezogen hat, längst hinter sich. Im Gegensatz zu seiner Schwester gab der Überflieger nach einem Jahr die Wirtschaftsmittelschule auf, um schon 1994 unter die Professionals zu gehen. Seither düst er mit dem Snowboard-Zirkus um die Welt und behauptet, weit mehr gelernt zu haben, als dies in irgendeiner Schule möglich gewesen wäre. Unterdessen hat er in Japan und in den USA so viele Freunde, dass er diese jährlichen Abstecher nicht mehr missen möchte. Er kann es sich leisten. Er hat die Zeit als Berufssportler gut genutzt. Er ziert seit zwei Jahren die Weltranglistenspitze, hat sich mit frechen Sprüchen, blondgefärbten Haaren und coolem Auftreten das passendste «Bad Boy Image» zugelegt.

*

Rohrer ist selbsttragend, kann jede Tour berappen. Als zweifacher Sieger des World Series und als FIS-Weltmeister hatte er sich an der Olympiade in Nagano allerdings mit der «ledernen» Medaille (4.) zu begnügen: «Es war ein eindrucksvoller Event, den ich zum Glück nicht gewonnen habe, obwohl mich das ganze Schweizervolk zur Goldmedaille gepusht hatte. So ist der Rummel geringer; ich kann noch tun und lassen, was ich will», gewann der Halfpipe-König auch dieser Niederlage die positivsten Seiten ab.

So brav und harmlos, wie hier Joelle und Fabien Rohrer aussehen, sind sie nicht.

Die Rohrers auf Erfolgskurs – der Autor im «Synonymenrausch».

Besondere Verwirrung stiftet ein Satz wie:

«Der ... ältere Bruder machte seiner *jüngeren Schwester* so viel drolligen Blödsinn vor, dass sich die *herzerfrischend lachende Blondine* ein besseres Vorbild nicht hätte vorstellen können.»

Dem Leser wird erst beim zweiten Durchgang klar, dass es sich bei der «jüngeren Schwester» und der «herzerfrischend lachenden Blondine» um dieselbe Person handelt.

49

Regel Führen Sie Namen und Fachbegriffe ein. Vermeiden Sie unnötigen Fachjargon und zahllose Synonyme.

Fremdwörter: mit Augenmass!

Das Problem

Nummer 1.1.2 der Checkliste behandelt den Gebrauch von Fremdwörtern: Ungebräuchliche Fremdwörter sind grundsätzlich schwerer verständlich als ihre deutschen Entsprechungen. Es steigert daher die Textverständlichkeit, nur gebräuchliche Fremdwörter zu verwenden und ansonsten dem deutschen Wort den Vorzug zu geben.

Kriterien für den Gebrauch von Fremdwörtern

In unserer globalisierten Gesellschaft hat sich das Verhältnis zu Fremdwörtern entkrampft. Dennoch gilt die Faustregel: Der Gebrauch eines Fremdworts ist dann zu hinterfragen, wenn derselbe Sachverhalt durch ein gutes deutsches Wort ausgedrückt werden kann. Umgekehrt ist der Einsatz eines Fremdworts unbedenklich, wenn es eines der folgenden drei Kriterien erfüllt:

- *Erstens:* Das betreffende Fremdwort hat gar keine oder zumindest keine exakte deutsche Entsprechung: so im Falle von *Internet* (eigentlich «Weltnetz»), *Snowboard* (eigentlich «Schneebrett»), *fit* (eigentlich «tauglich»).
- *Zweitens:* Das betreffende Fremdwort ist kürzer, prägnanter und beliebter als seine deutsche Entsprechung: vergleiche *Phantasie* gegenüber *Vorstellungskraft*, *Symphonie* gegenüber *Orchesterwerk in vier Sätzen*, *Fotokopie* gegenüber *Ablichtung*.
- *Drittens:* Das betreffende Fremdwort erleichtert die Ableitung: so im Falle der Reihe *Telefon – telefonieren – telefonisch* (auf Deutsch müsste es heissen: *Fernsprecher – fernsprechen – fernsprecherisch*).

Fremdwörter, die einem dieser drei Kriterien entsprechen, haben sich in der Umgangssprache durchgesetzt. Wir können solch gebräuchliche Fremdwörter bedenkenlos verwenden.

Fremdwörter und ihre Nachteile

Fremdwörter, die nicht den oben genannten Kriterien entsprechen, schaden dem Text. Denn

- … ungebräuchliche Fremdwörter sind schwerer verständlich und grenzen gewisse Lesergruppen aus.
- … ungebräuchliche Fremdwörter verleihen der Aussage mehr Bedeutung und Prestige, als ihr eigentlich zukommt; sie wirken daher angeberisch (siehe bereits die Bemerkungen zum Fachjargon auf Seite 46f.).
- … ungebräuchliche Fremdwörter können ungewollt eine Aussage verwässern oder Zusammenhänge verschleiern.

Beispiele Die Sprache der Wirtschaft verrät eine besondere Neigung zu Fremdwörtern. Die folgenden Zitate stammen aus Stelleninseraten (Kadermarkt *Alpha*, Sommer 1999). Sie enthalten ungebräuchliche Fremdwörter, die sich leicht durch eine deutsche Entsprechung ersetzen lassen.

«Unsere Mandantin … will … die Marktanstrengungen noch präziser auf die Kundenbedürfnisse *fokussieren*.»
   Besser: «Unsere Mandantin … will … die Marktanstrengungen noch präziser auf die Kundenbedürfnisse *ausrichten*.»

«Mit Ihrem Team *initiieren* und koordinieren Sie alle Marketing-Aktivitäten im Flottenbereich.»
   Besser: «Mit Ihrem Team *nehmen* Sie alle Marketing-Aktivitäten im Flottenbereich *in Angriff* und koordinieren diese.»

«Sie *evaluieren* neue Bedürfnisse und unterstützen die daraus folgende *Implementierung*.»
   Besser: «Sie *spüren* neue Bedürfnisse *auf* und unterstützen die *entsprechenden Massnahmen*.»

«Eine positive Herausforderung in einem jungen, hoch motivierten und *ambitiösen* Arbeitsklima in einer der *visionärsten Location* im Zentrum von Zürich.»

Besser: «Eine grosse Herausforderung in einer jungen, motivierenden und *ehrgeizigen* Arbeitsumgebung an einem *zukunftsträchtigen Standort* im Zentrum von Zürich.»

Gefahren der Fremdwörter

Neben den bisher genannten Nachteilen bergen Fremdwörter erhebliche Gefahren:

- Fremdwörter werden oft populär, verlieren ihre präzise Bedeutung und verkümmern zu beliebigen Allerweltswörtern (so beispielsweise im Falle von «Aspekt»; siehe Seite 119).
- Werden Fremdwörter allzu häufig verwendet, schleift sich ihre Bedeutung in unserem Bewusstsein ab. Die Folge: Wir gebrauchen diese Fremdwörter in falschem Sinn.

Beispiele Die folgenden Textpassagen dokumentieren falschen Fremdwortgebrauch:

«Kino & Mode im HB Zürich – Symbiose einer modernen Sponsoringplattform.» (Kino-Magazin *Close-Up* vom Juni 1999)

Das Fremdwort «Symbiose» bezeichnet ein «Zusammenleben zu gegenseitigem Nutzen». Gemeint ist im Text daher:

«Kino & Mode ... – Symbiose auf einer modernen Sponsoringplattform.»

«Backstreet Boys, Herzschrittmacher von Millionen Kids, entblöden sich nicht, als solche das Organ der Liebe zu disturbieren.» (*Facts* vom 26. November 1998)

Das Fremdwort «disturbieren» existiert im deutschen Sprachgebrauch nicht (lateinisch *disturbare* heisst «stören»).

«Bergbahnen · PARSENN · DAVOS · KLOSTERS   Ein Begriff – ein *Synonym* für das renommierte Bergbahnunternehmen mit Powder, Power and *Pepp*.» (aus einem Stelleninserat des Kadermarktes *Alpha*, Sommer 1999)

Das Fremdwort «Synonym» bezeichnet das «gleichbedeutende Wort», was hier nicht gemeint sein kann (die Aussage, der Name «Bergbahnen Parsenn/Davos/Klosters» sei gleichbedeutend mit dem «renommierten Bergbahnunternehmen», ist natürlich Unsinn); der Verfasser will wohl ausdrücken, dass die Bergbahnen Davos der *Inbegriff* eines trendigen Bergbahnunternehmens seien. Ausserdem schreibt sich das englische «pep» mit nur einem «p».

«Das Kommunikationsmaterial, von der Werbung bis zum Formular, sollte von einheitlicher Qualität sein und in *ihrem* Charakter die gesamte Organisation mit ihren Zielen glaubhaft und eindeutig widerspiegeln. … Der Umgang mit der Sprache soll einerseits *sensibilisiert* werden, andererseits soll die sprachliche Authentizität eines jeden Mitarbeitenden gefördert werden.» (aus der Website eines Sprach-Consulting-Unternehmens)

Das Fremdwort «sensibilisieren» bedeutet «empfindsam machen». Nicht der «Umgang mit der Sprache» soll «empfindsamer gemacht» werden, sondern «die Mitarbeiter im Umgang mit der Sprache». Abgesehen davon verweist das Pronomen «ihre» ins Leere (richtig muss von «seinem Charakter» – dem Charakter des Kommunikationsmaterials – die Rede sein).

Diese Beispiele zeigen, dass viele Schreiber Fremdwörter nicht der Aussage willen, sondern assoziativ wegen ihres Klangbilds auswählen – ein weiteres Symptom der auf den Seiten 13 – 15 beschriebenen Sprachlosigkeit.

Regel Verwenden Sie gebräuchliche Fremdwörter; suchen Sie bei ungebräuchlichen nach der deutschen Entsprechung. Überprüfen Sie viel gehörte Fremdwörter nach ihrer korrekten Bedeutung.

Die übersichtliche Wortgestalt

Das Problem

Nummer 1.1.3 der Checkliste behandelt die übersichtliche Gestaltung deutscher Wörter: Die deutsche Sprache lässt bei der Bildung von Wortableitungen und -zusammensetzungen grosse Freiheiten.

Diese Freiheiten bringen uns in Versuchung, ganze Sachverhalte in ein einziges Wort zu packen. Dabei ist jedoch zu berücksichtigen, dass mehrsilbige Wörter vom Leser mühsamer verarbeitet werden – vor allem dann, wenn es sich um ungeläufige Neubildungen handelt.

Reihenbildungen

Im Deutschen ermöglichen Adjektivendungen (Suffixe) die Bildung neuer Wörter in beinahe beliebiger Anzahl. Betrachten Sie die folgenden, charakteristischen Beispiele von solchen «Reihenbildungen»:

- Endung -*bar*: *die machbare Massnahme* (= die mögliche Massnahme), *der erfüllbare Vertrag* (= der Vertrag, der erfüllt werden kann)
- Endung -*ig*: *die diesseitige Auffassung* (= unsere Auffassung), *die erstmalige Mahnung* (= die erste Mahnung)
- Endung -*mässig*: *die mengenmässige Begrenzung* (= die Begrenzung nach der Menge)
- Endung -*weise*: *die probeweise Anstellung* (= die Anstellung zur Probe)

Leider sind viele dieser Reihenbildungen wenig leserfreundlich, denn sie weisen mehrere Silben auf, sind ungewohnt und wirken umständlich. Zudem erwecken sie den Eindruck, der Schreiber habe sich für eine gepflegtere, schlanke Wortwahl keine Zeit genommen.

Beispiele Die folgenden Textpassagen enthalten unübersichtliche Reihenbildungen, die nicht in einen leserfreundlichen Text gehören:

«Die letzte nicht bereinigte Einsprache wurde vom Einsprecher am Tag der Gemeindeversammlung zurückgezogen, so dass die Zustimmung diskussionslos und *grossmehrheitlich* erfolgte.» (*Zofinger Tagblatt* online vom 29. November 1998)

Statt «grossmehrheitlich» heisst es leserfreundlicher «mit grosser Mehrheit».

«Der Nationalrat hat entschieden, ob Nachtarbeit künftig auch mit zusätzlicher Freizeit statt nur finanziell entschädigt werden muss. Unternehmen sträuben sich, *arbeitsmedizinisch* wäre es indiziert.» (*Tages-Anzeiger* vom 4. Dezember 1995)

Statt «… arbeitsmedizinisch wäre es indiziert» heisst es leserfreundlicher «… aus Sicht der Arbeitsmediziner wäre es ratsam».

«In der Innerschweiz wurden die Gipfelstürmer auch *schneemengenmässig* verwöhnt. Auf dem Titlis zum Beispiel liegen bereits bis zu 160 Zentimeter Schnee.» (*Tages-Anzeiger* vom 29. November 1999)

Die gesamte Passage lautet leserfreundlicher: «In der Innerschweiz wurden die Gipfelstürmer auch durch den reichlich gefallenen Schnee verwöhnt. Auf dem Titlis zum Beispiel liegen bereits bis zu 160 Zentimeter.»

Augenblickskomposita

Eigentliche «Wortungeheuer» entstehen durch das wahllose Zusammensetzen von Wörtern zu einem einzigen, vielsilbigen Wort. Zu diesen meist leserfeindlichen «Augenblickskomposita» (Augenblickszusammensetzungen) gehören im Einzelnen

- … überlange Zusammensetzungen aus mehreren Nomina, die besser aufgelöst werden: *Arbeitsunfähigkeitsmeldung* (besser: «Meldung der Arbeitsunfähigkeit»), *Fahrgastbeförderungserlaubnis* (besser: «Erlaubnis zur Beförderung von Fahrgästen»), *Fuhrwerksberufsgenossenschaft* (besser: «Genossenschaft der Fuhrunternehmer»).
- … Nominalisierungen von Streckverben anstelle der vom einfachen Verb abgeleiteten Nomina: *Inangriffnahme* (einfacher: «Beginn»), *Inrechnungstellung* (einfacher: «Verrechnung»), *Unterbeweisstellung* (einfacher: «Beweis»).
- … mittels Bindestrich zusammengefügte Wortschlangen anstelle eines einfachen Begriffs: *die In-die-Luft-Sprengung* (einfacher: «die Sprengung»), *das Über-die-Stränge-Schlagen* (einfacher: «der Übermut»).

Beispiel Die folgende Textpassage aus *20 minuten* vom 28. Januar 2000 enthält als Augenblickskompositum eine rekordverdächtige Wortschlange aus 19 Wörtern.

«Wenn das Leben wie eine Werbung wäre, würde ich meine versteckte Ferrero-Küsschen-Schachtel auf den Tisch stellen und wir hätten spontan eine Riesengaudi. Im wirklichen Leben aber kriegen die Gäste nur diese ‹Ich-bin-nicht-spiessig-aber-ich-wünschte-mir-Ihr-würdet-auf-der-Stelle-in-die-Wüste-teleportiert›-Märtyrer-Miene.»

Selbstverständlich bieten die hier beschriebenen Reihenbildungen und Augenblickskomposita auch einen gewichtigen Vorteil: Sie sind präzis und rationell, da sie einen komplexen Sachverhalt in einem Wort «komprimieren». Deshalb entsprechen sie unserem Zeitgeist. Als Faustregel gilt daher: Der Schreiber darf die Möglichkeiten der deutschen Wortbildung ruhigen Gewissens nutzen, so lange er eine schlanke Ausdrucksweise behält und keine Wortungeheuer ins Leben ruft.

Regel Reihenbildungen und Augenblickskomposita werden schnell zu leserfeindlichen Wortungeheuern. Ersetzen Sie Reihenbildungen und Augenblickskomposita im Zweifelsfalle durch eine längere Formulierung.

Konkret statt abstrakt

Das Problem

Nummer 1.1.4 der Checkliste behandelt den Gebrauch von abstrakten Nomina: Die moderne Sprache neigt dazu, Tätigkeiten und Handlungen in Nomina zu verpacken oder Oberbegriffe anstelle des konkreten Einzelbegriffs zu wählen. Diese abstrakten Nomina sind aber weniger verständlich, da der Leser sie zuerst in eine konkrete Vorstellung übersetzen muss.

Abstrakte Nomina

Ältere Stillehren fordern den konkreten Ausdruck; denn dieser zeichne sich neben Lebendigkeit und Farbigkeit auch durch seine Anschaulichkeit aus. Tatsächlich gilt folgende Regel: Abstrakte Nomina (abstrakte Substantive) beziehungsweise Abstrakta (Singular: Abstraktum) haben einen grösseren Bedeutungsumfang als die verbalen Ausdrücke, die sie jeweils vertreten. Je weiter jedoch ein Begriff gefasst ist, desto mehr interpretatorische Eigenleistung verlangt er vom Leser.

Zu den abstrakten Nomina im weiteren Sinn gehören im Einzelnen

- ... Nominalisierungen von verbalen Ausdrücken: so etwa «jemand erbringt eine *Leistung*» für «jemand leistet etwas».
- ... Ober- und Sammelbegriffe statt Einzelbegriffe: so etwa «die *Arbeiterschaft*» statt «die Arbeiter».

Abstrakte Nomina lassen sich äusserlich leicht erkennen: die meisten abstrakten Nomina enden im Deutschen auf *-ung*, *-heit*, *-schaft* oder sind ohne Endung direkt vom Verb abgeleitet (so im Falle des abstrakten Nomens *der Flug* zum Verb *fliegen* oder von *der Fall* zum Verb *fallen*).

Beispiel Beide Arten von Abstrakta (Nominalisierung wie Oberbegriff) vereint die folgende typische Wettermeldung aus der *Südostschweiz* vom 29. Dezember 1999:

«Gestern hat ein neuer Sturm von der Westschweiz bis ins Berner Mittelland gewütet ... In den zentralen und östlichen Landesteilen führte der *Schneefall* zu prekären *Strassenverhältnissen*.»

Das Abstraktum «Schneefall» ist die Nominalisierung von «es fällt Schnee». Eine solche Nominalisierung bläht den Text unnötig auf. Denn nicht die Tatsache, dass «Schnee fällt», verursacht die rutschigen Strassen, sondern schlicht «der Schnee» – wobei «rutschige Strassen» der konkrete Ersatz für den abstrakten Oberbegriff «prekäre Strassenverhältnisse» ist. Der Satz lautet also in konkreter statt abstrakter Ausdrucksweise: «... In den zentralen und östlichen Landesteilen führte der Schnee zu rutschigen Strassen.»

Gemässigter Gebrauch von Abstrakta

In der heutigen Zeit können wir die Forderung der älteren Stilistiken, auf Abstrakta zu verzichten, jedoch nicht mehr voll unterstützen. Denn

- ... viele abstrakte Begriffe umschreiben gerade in Fachsprachen einen Sachverhalt präziser als die konkreten Entsprechungen.
- ... abstrakte Begriffe helfen, ganze Satzaussagen in einem Wort zu verdichten («die Preise steigen» → «Preisanstieg»). Sie sparen damit Platz und können zur Präzision unseres Textes beitragen.

Allerdings gilt hier: Abstrakta sollen mit Augenmass verwendet werden und stets sinnvoll oder notwendig sein. Im Übermass sind Abstrakta leserfeindlich und erschweren das Textverständnis, da der Leser sie zuerst mühevoll in konkrete Bilder umsetzen muss.

Beispiele Die folgenden Textpassagen enthalten alle Abstrakta, die besser durch den konkreten Ausdruck – sprich: durch ein Verb – ersetzt werden.

«Danach übernehmen Sie die *Verantwortung* für die *Umsetzung* und erfolgreiche *Lancierung* der neuen *Dienstleistungen*, sowie deren weiteren produktmässigen, logistischen und auch personellen *Ausbau*.» (aus einem Stelleninserat des Kadermarktes *Alpha*, Sommer 1999)

Dieses Beispiel zeigt, wie eine Anhäufung von abstrakten Nominalisierungen – die bis auf eine Ausnahme auf -*ung* lauten – einen Text eintönig und farblos erscheinen lässt. Hier müssen Verben zum Zuge kommen: «Danach sind Sie dafür verantwortlich, dass die neuen Dienstleistungen erfolgreich geplant, lanciert sowie in Zukunft mit neuen Produkten und dem nötigen Personal ergänzt werden.»

«Ein Gang nach Berlin lohnt sich – speziell für Hi-Fi-Fans. An der diesjährigen Messe wird eine Reihe von technischen Leckerbissen für Furore sorgen. Dazu gehören die rasant fortschreitende *Digitalisierung* von Fernsehen und Radio ...» (*SonntagsZeitung* vom 27. August 1999)

«Die fortschreitende Digitalisierung» ist ein abstrakter Leckerbissen. Die Messebesucher erfreuen sich lieber an den konkreten Digitalradios und Digitalfernsehern.

«Probleme haben aber auch Feriengäste in anderen Teilen Österreichs. Zehntausende sind in Wintersportstationen eingeschlossen, harren der *Evakuierung* oder wenigstens der *Verpflegung* mittels Helikopter. Die *Mobilität der Fluggeräte* ist durch Wind und Wetter aber krass eingeschränkt.» (*NZZ* vom 24. Februar 1999)

«Evakuierung» und «Verpflegung» sind der Abstrakta genug. Der Leser ist daher dankbar, wenn nicht von krass eingeschränkter «Mobilität» (Nominalisierung von «mobil sein») der «Fluggeräte» (Oberbegriff von Helikopter) die Rede ist, sondern klipp und klar mitgeteilt wird: «Die Helikopter konnten wegen des schlechten Wetters nicht fliegen.»

Die Firma Techni-Cal ruft gewisse Produkte wegen mangelnder Qualität zurück. Die Rückrufaktion wird, wie im nächsten Ausschnitt (Seite 60) abgebildet, mit einer geballten Ladung von Abstrakta eingeleitet:

«Techni-Cal bekräftigt seine *Verpflichtung* zur 100%igen *Zufriedenheit* aller seiner Kunden und konkret zu der unbedingten *Zusage*, allen Käufern von Techni-Cal-Katzennahrung den entsprechenden *Zufriedenheitsgrad* mit der erstklassigen Qualität und dem Nährwert seiner Produkte zu garantieren.»

Konkreter Klartext hätte die besorgten Katzenhalter eher beruhigt als abstrakte Nominalisierungen: «Techni-Cal verpflichtet sich, weiterhin all seine Kunden zufriedenzustellen. Techni-Cal garantiert daher allen Käufern erstklassige Qualität seiner Produkte.»

«Entscheidend sind Einstellung, Erziehung und *Verhaltung* der Eltern.» (*Solothurner Zeitung* vom 3. März 1999)

Dieses Beispiel zeigt, wohin abstraktes Schreiberdenken führt: zu neuen «Unwörtern» wie «Verhaltung» anstelle des korrekten Abstraktums «Verhalten».

Mitteilung über Techni-Cal Katzennahrung

Techni-Cal bekräftigt seine Verpflichtung zur 100%igen Zufriedenheit all seiner Kunden und konkret zu der unbedingten Zusage, allen Käufern von **Techni-Cal**-Katzennahrung den entsprechenden Zufriedenheitsgrad mit der erstklassigen Qualität und dem Nährwert seiner Produkte zu garantieren.

Martin Pet-Foods, der Hersteller von **Techni-Cal**, hat im Rahmen seiner Massnahmen zur Qualitätskontrolle bestimmte Teile eines Kontingents an trockener Katzennahrung eines bestimmten Produktionszeitraums identifiziert, die unter Geschmacksverfälschungen leiden und noch vor Erreichen ihres eigentlichen Verfalldatums ungeniessbar werden könnten.

Es ist in diesem Zusammenhang wichtig, darauf hinzuweisen, dass nicht die gesamte Produktion des entsprechenden Zeitraums von dieser Verkürzung der Haltbarkeitsdauer betroffen ist. Dennoch empfehlen wir Katzenhaltern, die sich im Besitz der betreffenden Produkte befinden, diese Produkte durch andere **Techni-Cal**-Produkte zu ersetzen und sie nicht an Ihre Katzen zu verfüttern.

Die folgenden **Techni-Cal**-Katzennahrungsprodukte sind von der Massnahme betroffen:

Kitten und *Adult*, alle Handelsgrössen, mit einem **Verfallsdatum am oder vor dem 5. 9. 00** sowie die Produkte *Ocean Fish*, *Lite* und *Senior*, alle Handelsgrössen, mit einem **Verfallsdatum am oder vor dem 23. 04. 00**.

Die entsprechenden Daten erscheinen als die ersten sechs Stellen des Codes auf der Verpackung.

Diese Massnahme angewandter Qualitätskontrolle betrifft ausschliesslich Techni-Cal-Katzennahrungsprodukte mit den oben angeführten Kodierungen. Andere **Techni-Cal**-Produkte sind nicht betroffen.

Bringen Sie bitte **Techni-Cal**-Katzennahrungsprodukte mit den betroffenen Kodierungen zu Ihrem Fachgeschäft und tauschen Sie diese um. Wenn Sie eine Rückerstattung des Kaufpreises vorziehen, trennen Sie bitte das Streifenetikett mit dem Verfallsdatum von der Packung ab und senden Sie es an die folgende Adresse:

Delphin Amazonia AG, Aliothstrasse 62, CH-4142 Münchenstein 2, Schweiz

Techni-Cal möchte allen Katzenhaltern sein aufrichtiges Bedauern für die ihnen entstandenen Unannehmlichkeiten aussprechen.

Wenn Sie noch weitere Fragen haben, stehen wir Ihnen gerne zur Verfügung. Rufen Sie uns an unter der Rufnummer **(061) 416 10 10**.

Eine geballte Ladung Abstrakta beruhigt keinen besorgten Katzenfreund.

Das im folgenden Ausschnitt abgebildete FDP-Inserat soll vor allem jüngere, berufstätige und gut gebildete Frauen ansprechen.
«Nicht jede bilaterale *Annäherung* führt zum *Verlust* der *Eigenständigkeit*. Für eine sinnvolle *Beziehung* der Exportnation Schweiz zu Europa.»

Ob der Text seinen Zweck erfüllt, ist zu bezweifeln. Denn der erste Satz enthält mit «Annäherung», «Verlust» und «Eigenständigkeit» drei Abstrakta. Die Formulierung ist deshalb schwer verständlich und noch schwerer mit dem lebensnahen Inhalt des Bildes (Frau und Mann) in Zusammenhang zu bringen.

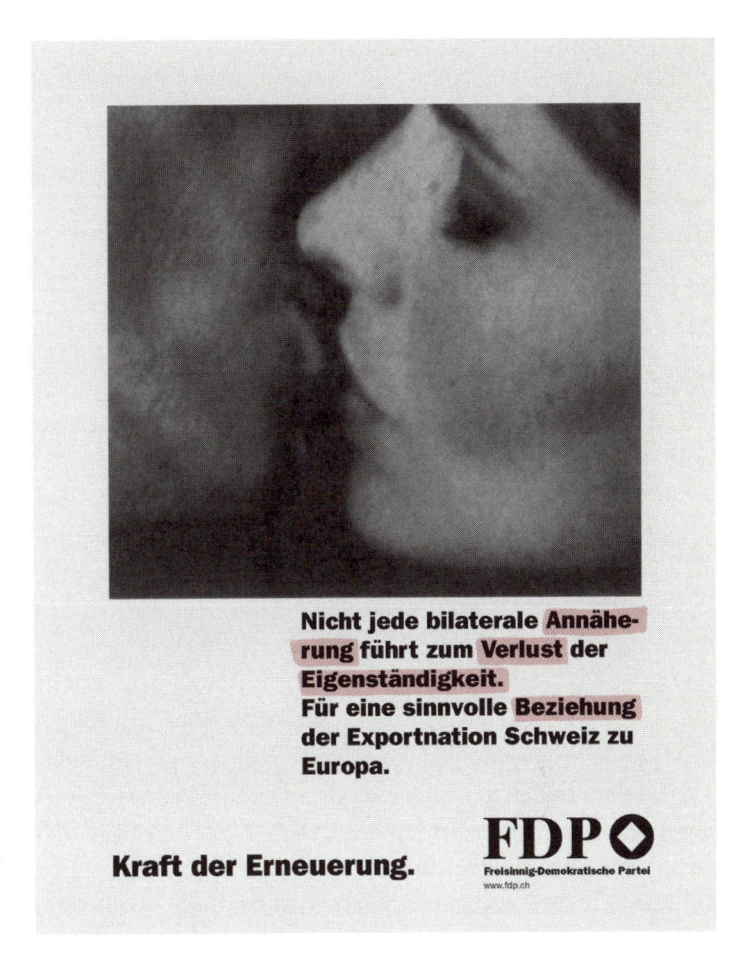

Abstrakte Redeweise für engagierte Frauen? Der Erfolg ist zweifelhaft.

**Nicht jede bilaterale Annäherung führt zum Verlust der Eigenständigkeit.
Für eine sinnvolle Beziehung der Exportnation Schweiz zu Europa.**

Kraft der Erneuerung.

FDP
Freisinnig-Demokratische Partei
www.fdp.ch

Regel Begegnen Sie dem Leser möglichst direkt. Vermeiden Sie eine allzu abstrakte Sprache.

Der leserfreundliche Satz

Die klare Wortstellung

Das Problem

Nummer 1.2.1 der Checkliste behandelt die Tücken der deutschen Wortstellung: Ein Satz besteht in der Regel aus drei Komponenten: einem Subjekt, einem Objekt und dem Prädikat (sprich: Verb), das Subjekt und Objekt verbindet. Je entfernter voneinander diese drei Komponenten im Satz liegen, desto schwerer fällt das Satzverständnis. Ebenso erschweren Abweichungen von der Standardwortstellung Subjekt-Verb-Objekt das Satzverständnis.

Die Umklammerungsregel

Die deutsche Wortstellung ist ihrem Wesen nach wenig leserfreundlich. Hauptgrund hierfür ist die so genannte «Umklammerungsregel». Danach steht das bedeutungstragende Verb oft erst am Ende des Satzes: so in Form von Partizipien und Infinitiven, nach Hilfsverben wie «haben» und «werden» oder nach Modalverben wie «dürfen».

Beispiel Die folgende Textpassage aus dem Journalistenmagazin *Klartext* 6/1998 illustriert die Tücken der Umklammerungsregel:
«Die Probleme eines internationalen Radiosenders *hätten* weder Roy Oppenheim (‹hat zwei Jahre lang vor allem Staub aufgewirbelt›), noch Ulrich Kündig (‹sah den Sender in erster Linie unter dem Aspekt der Technik›), noch Carla Ferrari (‹wollte bis zu ihrem abrupten Abgang bei SRI das Fernsehprogramm entwickeln›) echt *interessiert.*»

Dieser Satz weist die deutsche Standardwortstellung auf: das Subjekt («die Probleme») eröffnet den Satz, der erste Teil des Prädikats = Hilfsverb («hätten ... [interessiert]») und das Objekt («Roy Oppenheim ..., Ulrich Kündig, Carla Ferrari») folgen dem Subjekt.

Die Probleme *hätten* | weder Roy Oppenheim noch Ulrich Kündig noch Carla Ferrari | *interessiert*.

Hilfsverb | Satzklammer = 40 Wörter | bedeutungstragendes Verb

Die eigentliche verbale Aussage (das bedeutungstragende Verb «[hat] … interessiert») kommt nach den Regeln der deutschen Wortstellung ans Ende des Satzes: Der Leser muss in diesem Beispiel 40 Wörter als Inhalt der Umklammerung in seinem Kurzzeitgedächtnis speichern. Dann erst kann er den Satz zu einem verständlichen Ganzen zusammensetzen.

Satzklammern auflösen!

Als Schreiber ist man nicht jeder Satzklammer hilflos ausgeliefert. Mit dem Motto «das Verb möglichst nach vorne rücken, das weniger Wichtige als Nachtrag präsentieren» können viele Satzklammern im Dienste grösserer Klarheit mühelos aufgelöst werden.

Beispiele Die folgenden Textbeispiele zeigen, wie Satzklammern aufzulösen sind.

Die abgedruckte Textpassage aus der *Bündner Zeitung* vom 24. Dezember 1996 enthält eine Satzklammer von 37 Wörtern. Um diese leserfeindliche Satzklammer zu beseitigen, rückt das Verb nach vorne; der Inhalt der Satzklammer wird als Nachtrag präsentiert.

Original	*Mit aufgelöster Satzklammer*
«In den Nachmittagsspielen *werden* Fachleute wie der langjährige Davos-Captain Jacques Soguel (Donnerstag), Nationaltrainer Simon Schenk (Freitag), Davos-Trainer Arno del Curto (Samstag), der künftige Zug-Coach Sean-Simpson (Sonntag), OK-Präsident Fredi Pargätzi (Montag) sowie der Internationale Felix Hollenstein (Final vom 31. Dezember) als Co-Kommentatoren *eingesetzt*.»	«In den Nachmittagsspielen *werden* Fachleute als Co-Kommentatoren *eingesetzt*: und zwar der langjährige Davos-Captain Jacques Soguel (Donnerstag), Nationaltrainer Simon Schenk (Freitag), Davos-Trainer Arno del Curto (Samstag), der künftige Zug-Coach Sean-Simpson (Sonntag), OK-Präsident Fredi Pargätzi (Montag) sowie der Internationale Felix Hollenstein (Final vom 31. Dezember).»

Die folgende Textpassage aus der *Weltwoche* vom 5. Dezember 1998 zeigt, dass auch Sätze mit zusammengesetzten Verben unter der Umklammerungsregel leiden.

Original	*Mit aufgelöster Satzklammer*
«Unhaltbare Verhältnisse – das *räumt* auch Rik van der Ploeg, der sich dem aufgeklärten Flügel der (sozialdemokratischen) Arbeiterpartei zuordnet und Ökonomieprofessor an der Uni von Amsterdam ist, gerne *ein*.»	«Unhaltbare Verhältnisse – das *räumt* auch Rik van der Ploeg gerne *ein*, der sich dem aufgeklärten Flügel der (sozialdemokratischen) Arbeiterpartei zuordnet und Ökonomieprofessor an der Uni von Amsterdam ist.»

Die beiden Bestandteile des zusammengesetzten Verbs «einräumen» sind hier durch 15 Wörter getrennt. Die Satzklammer lässt sich leicht reduzieren, wenn der Relativsatz – quasi in der Rolle eines Nachtrags – ans Satzende rückt.

Die missverständliche Wortstellung

Ausser der Umklammerungsregel kann auch die deutsche Kasusflexion das Satzverständnis erschweren oder zu Missverständnissen führen. Bekanntlich lauten in vielen Wortklassen Nominativ und Akkusativ gleich; somit lassen sich Subjekt und Objekt nur durch die Wortstellung und den Satzsinn auseinander halten.

Einen Satzanfang wie den folgenden können wir auf zweierlei Arten ergänzen.

«Die im Volksmund verbreitete *Redensart* «Reden ist Silber, Schweigen ist Gold» darf in der heutigen Mediengesellschaft …
Erste Möglichkeit: … nicht mehr befolgt werden.»
Zweite Möglichkeit: … kein Politiker befolgen.»

Erste Möglichkeit: «Redensart» ist gemäss der deutschen Standardwortstellung Subjekt (Frage: Wer oder was?) und steht daher im Nominativ.

Zweite Möglichkeit: «Redensart» ist entgegen der deutschen Standardwortstellung Objekt (Frage: Wen oder was?) und steht daher im Akkusativ.

Sätze des zweiten Typus rufen beim Leser Missverständnisse hervor. Denn in Erwartung der Standardwortstellung wird der Leser im Satzbeginn das Subjekt erkennen und daher einen falschen Zwischensinn konstruieren; je länger sich der Satz dahinzieht, desto länger verbleibt der Leser bei seiner irrtümlichen Analyse. Es ist daher ratsam, bei zweideutigen Wortformen nur aus guten stilistischen Gründen und in kurzen Sätzen von der Standardwortstellung abzuweichen.

Beispiele Folgende Textpassagen und Schlagzeilen sind wegen ihrer missverständlichen oder irreführenden Wortstellung nicht leserfreundlich.

«Eine Einwohnergemeindeversammlung ohne hohe Wellen konnte Gemeindeammann Herbert Scheuermeyer gestern leiten.» (*Zofinger Tagblatt* online vom 29. November 1998)

Ein klassischer Fall von Irreführung: «Eine Einwohnergemeindeversammlung» bildet nicht das Subjekt, sondern das Objekt; der Leser wird allerdings erst beim letzten Wort auf die richtige Fährte geführt. Fairer wäre die deutsche Standardwortstellung: «Gemeindeammann Herbert Scheuermeyer leitete gestern eine Einwohnergemeindeversammlung, die keine hohen Wellen warf.»

Der im folgenden Ausschnitt auf Seite 66 abgebildete Text wird im Winter 1998 als Weihnachtsgruss an die Privatkunden einer Grossbank verschickt. Die Botschaft soll den Leser in eine nachdenklich-feierliche Stimmung versetzen – die verwirrende Wortstellung in den folgenden zwei Sätzen stimmt jedoch ratlos:

«Seit jeher *umgibt die Mistel eine magische und mysteriöse Aura*, als wolle sie mit der irdischen Welt wenig zu tun haben.»

In Abkehr von der Standardwortstellung leitet das Objekt (die Mistel) den Satz ein – der Leser fragt verwirrt: «Wer umgibt wen?»

«Sie orientiert sich weder nach dem Licht, *noch folgt sie* den Gesetzen der Schwerkraft *und wächst* in jede beliebige Richtung…»

Automatisch wird der Leser die Negation *noch* neben *folgt* auch zu *wächst* ziehen. Dies kann aber nicht gemeint sein. Erst nach zweimaligem Durchlesen gelangt der Leser zum richtigen Verständnis: «Der Wuchs der Mistel gehorcht nicht den Gesetzen der Schwerkraft; denn die Mistel wächst in jede beliebige Richtung.»

Irreführende Wortstellung:
Eine Weihnachtsbotschaft mit sprachlichen Tücken.

«Crippa schrieb halb Europa» (Schlagzeile in der *Südostschweiz* vom 7. März 1998)

Erst der Untertitel «Astag-Chef Michel Crippa lobbyiert bei allen EU-Verkehrsministern» macht klar, dass «halb Europa» hier das Dativobjekt (Frage: Wem oder an wen?) vertritt. Besser wäre also: «Crippa schrieb an halb Europa».

«Verkehrspolitik: Bonn bahnt Schweiz Weg» (Schlagzeile im *Blick* vom 25. November 1998)

Ohne klärende Artikel ist der Zusammenhang nur intuitiv zu erfassen. Besser wäre zumindest: «Verkehrspolitik: Bonn bahnt Schweiz den Weg».

Regel Erschweren Sie das Textverständnis nicht durch wortreiche Satzklammern. Vermeiden Sie eine missverständliche oder irreführende Wortstellung.

Der elegante Satz

Das Problem

Nummer 1.2.2 der Checkliste behandelt die Probleme von Nominalgruppen und Verschachtelungen (d. h. von Klemmkonstruktionen beziehungsweise Schachtelsätzen): Die drei Hauptkomponenten des deutschen Satzes sind Subjekt, Prädikat, Objekt. Je weniger weit diese drei Satzteile voneinander entfernt sind, desto rascher kann der Leser die Satzaussage verarbeiten. Je mehr Bedeutungseinheiten (Propositionen) in Form von Nominalgruppen und Verschachtelungen in den Satz gepackt werden, desto schwieriger fällt das Satzverständnis.

Nominalgruppen und Klemmkonstruktionen

Es entspricht dem Zeitgeist, Satzaussagen zu verdichten. Hierzu bietet die deutsche Sprache auf der Satzebene zweierlei Möglichkeiten an:

- Nominalgruppen: Eine Reihe von mindestens zwei Genitivattributen und/oder Adverbialien wird hinter das Bezugswort angefügt. Beispiel: *das Haus[1] des Bruders[2] meines Grossvaters[3] mütterlicherseits[4] aus Bern[5]* ... (fünfwertige Nominalgruppe bestehend aus einem Bezugswort + zwei Genitivattributen + zwei Adverbialen).
- Klemmkonstruktionen: Zwischen Artikel und Nomen wird eine Konstruktion aus Adjektiv oder Partizip sowie Adverbialen geklemmt. Beispiel: *Die über diese Angelegenheit entscheidende Behörde*... (Verschachtelung mit Adverbiale «über diese Angelegenheit» und Partizip «entscheidend», die zwischen Artikel «die» und Nomen «Behörde» geklemmt sind).

Grundsätzlich gilt: Umfangreiche Nominalgruppen und Klemmkonstruktionen sind nicht leserfreundlich, da sie den Leser von den Hauptkomponenten des Satzes – dem Subjekt und den Objekten – fernhalten.

Nominalgruppen sprengen, Klemmkonstruktionen auflösen

Es ist daher ratsam, drei- oder mehrwertige Nominalgruppen zu sprengen und umfangreiche Klemmkonstruktionen mit denselben Mitteln wie Satzklammern (siehe Seite 63) aufzulösen; selbst wenn der Text durch einen zusätzlichen Relativsatz oder Nachsatz länger wird!

Beispiele Die folgenden Textbeispiele zeigen, wie Nominalgruppen und Klemmkonstruktionen aufzulösen sind:

Die Schreiber der *Neuen Zürcher Zeitung* nehmen besonders gerne zu Nominalgruppen und Klemmkonstruktionen Zuflucht. Das repräsentative Beispiel aus der Ausgabe vom 1. Oktober 1998 zeigt, wie eine Nominalgruppe mit etwas Phantasie gesprengt und der Satz damit in eine leserfreundlichere Form gebracht wird:

Original	*Mit gesprengter Nominalgruppe*
«Ruhig und würdevoll im Auftreten, war der Demokrat Bradley *ein Spezialist im Aufbau von Koalitionen über die Trennlinien von Rassen und Klassen hinweg*.»	«Ruhig und würdevoll im Auftreten, verstand sich der Demokrat Bradley auf den Aufbau von Koalitionen, welche die Trennlinien von Rassen und Klassen überschritten.»

Die folgende Textpassage aus der *Berner Zeitung* vom 21. Dezember 1998 enthält eine Klemmkonstruktion, die geradezu nach Auflösung schreit:

Original	*Mit gesprengter Klemmkonstruktion*
«Wie der Fernsehsender NBC gestern unter Berufung auf *eine am Samstag nach der Empfehlung zur Einleitung eines Amtsenthebungsverfahrens vorgenommene Untersuchung* berichtete, waren 72 Prozent der Befragten mit der Amtsführung Clintons zufrieden.»	«Wie der Fernsehsender NBC gestern unter Berufung auf eine Umfrage berichtete, waren 72 Prozent der Befragten mit der Amtsführung Clintons zufrieden. Die Umfrage war am Samstag vorgenommen worden, nachdem der Senat die Empfehlung zur Einleitung eines Amtsenthebungsverfahrens ausgesprochen hatte.»

«Schreibe nicht, wie du denkst!»

Neben dem Willen zu ökonomischem Schreiben hat ein weiterer Umstand solchen Nominalgruppen und Klemmkonstruktionen zu ihrer heutigen Popularität verholfen: Beide Konstruktionstypen projizieren unsere Gedankengänge naturgetreu und linear aufs Papier. «Schreibe, wie du denkst!» darf jedoch nicht das Motto eines Schreibers sein. Denn der Leser hat das Recht, die Gedanken des Verfassers in gewichteter, geordneter und «leserlicher» Form vorgesetzt zu bekommen.

Beispiele Jeder Schreiber sollte sich davor hüten, seine Gedanken linear in einen Satz zu verpacken. Sonst kann es zu folgenden Auswüchsen kommen.

«Sie haben aber auch genug von der um sich greifenden (Un-)Kultur der Häme und des Sichaufspielens von Journalisten und Moderatoren – denen nicht selten jede fachliche und moralische Legitimation abgeht *– gegenüber ihren Kommentar-Subjekt/Objekten oder Interview-Opfern.»* (*NZZ* vom 17. November 1998)

Die besonders wortreiche, vierwertige Nominalgruppe («(Un-)Kultur – der Häme und des Sichaufspielens – von Journalisten und Moderatoren – gegenüber ihren Kommentar-Subjekt/Objekten oder Interview-Opfern») wird zusätzlich durch einen Einschub («– denen nicht selten jede fachliche und moralische Legitimation abgeht –») auseinander gezogen. Ein solcher Satz erklärt jedem Leser den Krieg.

«Die auf der Grundlage der Untersuchung von potentiellen Wirkungen von Stilelementen und Stilzügen auf die Menschen herausgearbeiteten Kriterien für die Klassifizierung bringen die Funktionalstile in grosse Nähe zu den pragmatischen Textklassen.» (aus einer deutschen Stilistik)

Das ist eine Klemmkonstruktion («die ... herausgearbeiteten Kriterien»), die eine fünfwertige Nominalgruppe enthält («auf der Grundlage – der Untersuchung – von potentiellen Wirkungen – von Stilelementen und Stilzügen – auf die Menschen»). Ein solcher Satz ist beinahe unverständlich.

Blick auf den Bildschirm

Noch keine Ekstase

liv. Am Montag hat sich RTL/Pro Sieben Schweiz auf den Marsch gemacht, das Publikum auf eine «neue Primetime» (Eigenwerbung) einzuschwören, mit einem auf «Infomotion» ausgerichteten Formatepaket, das aus Sicht des in fremden Diensten stehenden hiesigen Teams unter anderem «anders» daherkommt. Anders als was? Anders zweifellos als das Angebot, mit dem das Fernsehen DRS zu dieser Zeit aufwartet, das mit der seinerzeitigen Stillegung des «Karussells» diese Sendeschiene ohne Not preisgab. Kaum anders indes als RTL, dessen Zugriff auf die Stoffe, von denen der Boulevard lebt, augenscheinlich verbindliches Vorbild ist.

Ausnehmend verdeutlicht sich dies am Beispiel des von der immer nur lächelnden *Silvia Affolter* moderierten Magazins *«Konkret»*, dem zum Auftakt eine glückliche Fügung aus dem vollen zu schöpfen und nach Lust und Laune zu spekulieren erlaubte: Die nach Fortsetzungen sonder Zahl rufende Geschichte eines des Millionenbetrugs beschuldigten, überdies ein Bordell frequentierenden Angehörigen des Nachrichtendienstes mit einer Gattin, die sich als Frau mit Vergangenheit entpuppt und als Tochter ehrbarer Leute, die von allem nichts wussten, dazu eine auskunftsfreudige «Puff-Mutter» – was will/braucht der auf einschlägige Spurensuche spezialisierte «Rechercheur» mehr? Damit hatte es sich dann aber. Denn der mehrteilige «Ibiza-Report» – die Insel scheint hier Pflichtstoff der deutschen Privatfernsehveranstalter zu sein, RTL droht gar mit der daselbst realisierten Doku-Soap «Gute Zeiten, sexy Zeiten» – belegt unter anderem lediglich, dass sich auch Schweizer Gäste willig dem gängigen Diktat «Hose runter, Brüste raus» unterwerfen. Und das Urteil darüber, ob denn das freimütige Eingeständnis praktizierten Erbrechens aus Schweizer Mund die Sache appetitlicher macht beziehungsweise den Schweiz-Bezug in der erhofften Qualität herstellt, überlassen wir getrost dem Leser. Dass es auch anders geht, illustrierte ein Beitrag, der im «Konkret» rasch und einigermassen sauber die tags zuvor publizierte Meldung über einen angeblichen Kindsmissbrauch in Genf und dessen Folgen für die Eltern umsetzte.

Den zweiten eigenproduzierten Schwerpunkt bildet die Talkshow *«Klartext»*, in der sich *Dani Nieth* offenkundig um Abgrenzung gegenüber dem mitunter so impertinent auftretenden Roger Schawinski bemüht. Der Rückzug auf die Position des freundlichen Fragers funktioniert dort, wo das Gegenüber, wie im Fall des Schauspielers Martin Schenkel, als rundum unproblematischer Sympathieträger auftritt. Oder eine Saftwurzel wie der Zürcher SVP-Präsident politikfern, gleichsam als Blocher *light*, unverbindliche Spielchen mitspielt; und dort nicht, wo Widerspruch notfalls auch durch Provokation durchzusetzen wäre, wie im Fall des ungebremst schwadronierenden Ex-Trainers von Patty Schnyder.

Als *pièce de résistance* des 100-Minuten-Angebots scheint sich die abwechslungsweise von *Christine Maier* und *Daniela Lager* schnörkellos präsentierte Nachrichtensendung «Express» zu etablieren, die bis dato die Tagesaktualität in den vom hier gepflegten Stil gesetzten Grenzen professionell abdeckte. In Zusammenhang mit dem Expo-2001-Gipfel beispielsweise verwies «Express» als einzige Informationsrubrik auf die bereits heute virulenten Liquiditätsprobleme, anlässlich der 100-Tage-Jubelfeier der neuen CVP-Bundesratsmitglieder war vorab bei RTL/Pro Sieben Schweiz eine durchaus wünschenswerte kritische Distanz zu spüren.

Damit hat das Programmfenster die Hürden aber längst nicht genommen. Dafür, dass es trotz Unterschlupf bei gut eingeführten Kanälen nicht kommt, sieht und siegt, sorgt zum einen die Konkurrenz, die ab dem 6. September durch den Marktauftritt von TV 3 noch verstärkt wird. Derweil das auf die Sommerversion verkürzte «Schweiz aktuell» zum Teil gehörig abfiel, vermochte sich Tele 24, anlässlich der Premiere des deutsch-schweizerischen Fensters von RTL-Vertreter Hans Mahr als «ein bisschen amateurhaft» belächelt, durchaus zu behaupten. Nicht mittels Primeurs, sondern hinsichtlich der Anordnung beziehungsweise Einordnung und Gewichtung der aufgegriffenen Themen. Apropos Themen: Wo war der sowohl von Tele 24 wie auch der DRS-«Tagesschau» abgedeckte Benefiz-Auftritt von DJ Bobo in Tirana, «Infomotion» par excellence, im «Infomotion»-Angebot? – Nirgends, der Popstar war da bloss in der Werbung präsent.

Aber auch hausgemachte Probleme könnten über kurz oder lang die Publikumsakzeptanz, damit die Attraktivität des Programms für die Werbung schmälern. Angesprochen ist damit nicht nur das in erster Linie durch Beliebigkeit auffallende, teils von den Mutterkanälen übernommene, teils eingekaufte Füllmaterial, das namentlich in «Konkret» für unnötigen Ballast sorgt. Über Gebühr strapaziert wird die Geduld des Zuschauers durch ein Konzept, das erklärtermassen Wiederholungen einplant, diese aber zumindest teilweise kaschiert. Oder, wie am Mittwoch, deren Konsum durch Beimischung von vorher nicht Gezeigtem im resümierenden *«Kompakt»* dem Publikum quasi aufzwingen sucht. Wenn man Martin Schenkel oder Rainer Harnecker in «Konkret» begegnete, dann in «Klartext», zum dritten schliesslich in «Kompakt», war das des Guten beziehungsweise Schlechten eindeutig zuviel. Immerhin, die Macher erweisen sich als lernfähig: Christoph Blocher blieb einzig die Plattform von «Klartext». Bis RTL/Pro Sieben Schweiz freilich «allabendlich für 100 Minuten Ekstase» (Eigenwerbung) sorgt, ist noch ein weiter Weg. Anderes war auch gar nicht zu erwarten.

(RTL, Pro Sieben, seit 16. Aug.)

Der im Ausschnitt auf Seite 70 abgedruckte Text «Noch keine Ekstase» aus der *Neuen Zürcher Zeitung* vom 20. August 1999 strotzt von Nominalgruppen und Klemmkonstruktionen, die hier offenbar als Stilmittel eingesetzt sind. Bezeichnend ist folgende Passage (der zweite Satz umfasst übrigens 52 Wörter!):

«Ausnehmend verdeutlicht sich dies am Beispiel des von der immer nur lächelnden Silvia Affolter moderierten Magazins ‹Konkret›…: Die nach Fortsetzungen sonder Zahl rufende Geschichte eines des Millionenbetrugs beschuldigten, überdies ein Bordell frequentierenden Angehörigen des Nachrichtendienstes mit einer Gattin, die sich als Frau mit Vergangenheit entpuppt und als Tochter ehrbarer Leute, die von allem nichts wussten, dazu eine auskunftsfreudige ‹Puffmutter› – was will/braucht der auf einschlägige Spurensuche spezialisierte ‹Rechercheur› mehr?»

Ein solcher Text hat entgegen der Absicht des Autors keinen Unterhaltungswert, sondern wirkt gekünstelt und aufdringlich.

Schachtelsätze

Wie Nominalgruppen und Klemmkonstruktionen erschweren auch Verschachtelungen ganzer Nebensätze das Satzverständnis. Diese so genannten «Schachtelsätze» steigern die Nachteile, welche die deutsche Wortstellung auf Grund der Umklammerungsregel ohnehin mit sich bringt (siehe Seite 62 f.), nochmals um ein Mehrfaches: Das Verb rückt weiter als nötig vom Subjekt weg, die Kernaussage des Satzes ist schwieriger zu erfassen. Dabei sind solche Schachtelsätze mit den gleichen Mitteln zu umgehen, die sich auch im Kampf gegen die Umklammerungsregel sowie gegen Nominalgruppen und Klemmkonstruktionen bewähren: Vorversetzen des Verbs beziehungsweise Auflösen der Verschachtelung durch Nachträge.

Beispiele   Schachtelsätze sind einfach aufzulösen, wie sich anhand von folgenden Textpassagen zeigen lässt.

Der unbeholfene Schachtelsatz aus dem Kadermarkt *Alpha* vom 31. Oktober 1998 wird eleganter, wenn wir das bedeutungstragende Verb «geebnet» vorversetzen und die Information des verschachtelten Relativsatzes als Nachtrag in einem neuen Satz präsentieren.

Leserfreundlichkeit

Original	Mit aufgelöstem Schachtelsatz
«Wenn wir dieses ‹Anders-Sein› akzeptieren und im Rahmen unserer Personalentwicklung sogar fördern, *wird* der Weg zu einer neuen Führungskultur, in der starke Männer und starke Frauen ihre eigenen Charaktere einbringen können, *geebnet*.»	«Wenn wir dieses ‹Anders-Sein› akzeptieren und im Rahmen unserer Personalentwicklung sogar fördern, *wird* der Weg zu einer neuen Führungskultur *geebnet*. Einer Führungskultur, in der starke Männer und starke Frauen ihre eigenen Charaktere einbringen können.»

Ein Nachsatz verhilft auch folgender Passage aus der *Neuen Zürcher Zeitung* vom 19. November 1998 zu etwas mehr Leichtigkeit:

Original	Mit aufgelöstem Schachtelsatz
«Eine Hürde auf dem Weg zur Realisierung der Abmachungen konnte am Dienstag aus dem Weg geräumt werden. Der Spion Jonathan Pollard, der seit dreizehn Jahren in amerikanischen Gefängnissen inhaftiert ist, *hatte* vor dem Obersten Gericht mit dem Argument, dass die Amerikaner während der Verhandlungen am Wye River versprochen hätten, ihn auf freien Fuss zu setzen, Einspruch gegen die Freilassung palästinensischer Gefangener *erhoben*. Die Richter wiesen den Einspruch mit dem Hinweis auf die Gewaltentrennung zurück.»	«Eine Hürde auf dem Weg zur Realisierung der Abmachungen konnte am Dienstag aus dem Weg geräumt werden: Der Spion Jonathan Pollard, der seit 13 Jahren in amerikanischen Gefängnissen inhaftiert ist, *hatte* gegen die Freilassung palästinensischer Gefangener vor dem Obersten Gericht Einspruch *erhoben*. Sein Argument: Die Amerikaner hätten während der Verhandlungen am Wye River versprochen, ihn freizulassen. Die Richter wiesen den Einspruch mit dem Hinweis auf die Gewaltentrennung zurück.»

Im Original liegen zwischen dem Hilfsverb «hatte» und dem bedeutungstragenden Verb «erhoben» wegen des Schachtelsatzes dreissig Wörter. Wird der Inhalt des Schachtelsatzes als Nachtrag präsentiert, reduziert sich die Satzklammer auf zehn Wörter.

Regel Verzichten Sie auf Nominalgruppen und Klemmkonstruktionen, muten Sie Ihren Lesern keine Schachtelsätze zu. Ein Satz zuviel ist keine Schande, wenn der Text dadurch an Leserfreundlichkeit gewinnt.

Das Passiv: eine umstrittene Ausdrucksform

Das Problem

Nummer 1.2.3 der Checkliste behandelt die Nachteile der passiven Verbalformen: Passive Sätze sind vor allem dann schwerer verständlich, wenn sie umkehrbar (reversibel) sind; umkehrbar ist ein Passivsatz, falls die Vertauschung von Subjekt und handelnder Person wieder einen sinnvollen Satz ergibt (Beispiel eines umkehrbaren Passivsatzes: «*Der FC Zürich wurde gestern Nachmittag vom FC Basel besiegt*»; die Umkehrung «*Der FC Basel wurde gestern Nachmittag vom FC Zürich besiegt*» ist inhaltlich ebenso möglich wie sinnvoll). Daneben ist das Passiv in den Augen vieler Stilistiker umstritten, da es die handelnde Person verschweigt und daher weniger Information liefert.

Das Passiv: arm an Information

Die Verständlichkeit eines Textes wächst durch eine direkte, an Verben reiche Ausdrucksweise. Aus dieser Sicht ist dem Passiv nichts vorzuwerfen, da es einem vollwertigen Verb entspricht. Dennoch steht das Passiv seit langem im Schussfeld der Sprachkritiker.

Konkret wird dem Passiv vorgeworfen, dass sein Gebrauch den bewirkenden Faktor oder die verantwortliche Person (den so genannten «Agens») verschweigt. Tatsächlich quält uns in Aussagen wie «der Präsident wurde ermordet» oder «das neue Fernsehmagazin wurde hart kritisiert» die Frage «Von wem?» Doch der Text verschweigt uns diese (oft wichtigste) Information.

Es kommt hinzu, dass das Passiv im Alltag oft unpersönlich und anonym wirkt. Wir sollten deshalb nach Möglichkeit das aktive Verb bevorzugen, zumal es für die meisten passiven Ausdrücke eine bessere aktive Alternative gibt.

Beispiele Die folgenden Texte gewinnen an Verständlichkeit und Prägnanz, wenn wir die passiven Ausdrücke durch aktive Formulierungen ersetzen:

Leserfreundlichkeit

«Im breit gefächerten, die verschiedenen Aspekte behandelnden Jahresbericht von Davos Tourismus über das Geschäftsjahr 1997/98 *wird* auf ein gesamthaft erfolgreiches Geschehen *zurückgeschaut ...* Nachdem die touristische Grosswetterlage sich zu Beginn des Geschäftsjahres nicht wie erhofft entwickelte, *wurde* seitens der Verwaltung rasch reagiert, das Budget gestrafft und die entsprechende Vorgabe *umgesetzt.*» (*Südostschweiz* vom 16. November 1998)

Erst am Ende dieser Passage wird die handelnde Instanz genannt: Davos Tourismus beziehungsweise dessen Verwaltung. Da es hier nichts zu verschweigen gibt, lohnt sich der Griff zur aktiven Formulierung: «Davos Tourismus blickt auf ein erfolgreiches Jahr zurück ... Als das Geschäft zu Jahresanfang stagnierte, reagierte die Verwaltung rasch und straffte das Budget.»

«Der Gemeinderat Andelfingen hatte mittels Flugblattes die Bevölkerung zum 3. Naturschutztag aufgerufen, aktiv beim Unterhalt der Naturschutzgebiete mitzuhelfen. Gesamthaft verfügt die Gemeinde über rund sieben Hektaren solcher Flächen, welche grösstenteils als Nassgebiete an Hängen *einzustufen sind.* Entsprechend sind sie maschinell vielfach *kaum zu mähen oder zu befahren.* Deshalb muss viel mit arbeitsintensiver Handarbeit *ausgeführt werden.* Im Bereich der ‹Hinterwuhr› mussten in diesem Jahr Bachböschungen unterhalten werden. In den Feuchtstandorten ‹Gugelment› und ‹Wolferiet› stand die Schilfräumung auf dem Programm, und auf dem ‹Müliberg› wartete das Mähgut auf Naturwiesen darauf, *zusammengetragen zu werden.* Die umfangreichen Arbeiten *wurden* von Gemeindeförster Peter Bänteli samt seinem Team vom Forst und Gemeindewerk im arbeitstechnischen Bereich *organisiert und vorbereitet.* Gleichzeitig *wurden* im Vorfeld verschiedene Arbeiten – insbesondere grössere Flächen gemäht – *ausgeführt.* Dafür mussten zusätzlich kleinere Maschinen *eingemietet werden.*» (*Schaffhauser Nachrichten* online, 4. November 1999)

Was für ein Passiv-Festival! Zählen wir die «versteckten» Passiva hinzu (wie «... Flächen, welche ... einzustufen sind», «Entsprechend sind sie ... kaum zu mähen oder zu befahren.»), greift der Schreiber in dieser Passage zu acht passiven Formulierungen. Hier sollte mindestens die Hälfte dieser Passivformulierungen einem aktiven Ausdruck weichen.

3   Der leserfreundliche Satz

Das Passiv erfreut sich auch in Unternehmenspublikationen grosser Beliebtheit. Der folgende Ausschnitt aus dem 4. Swissair-Umweltbericht 1998/99 enthält folgende Äusserung:

«Von allen im Flugbetrieb engagierten Mitarbeitern *wird* jede Möglichkeit *genutzt*, um den Treibstoffverbrauch und die Treibstoffkosten zu senken.»

Die passive Formulierung bietet hier keinerlei Vorteile. Daher muss es direkt und farbig im Aktiv heissen: «Die im Flugbetrieb engagierten Mitarbeiter nutzen jede Möglichkeit, Treibstoff zu sparen.»

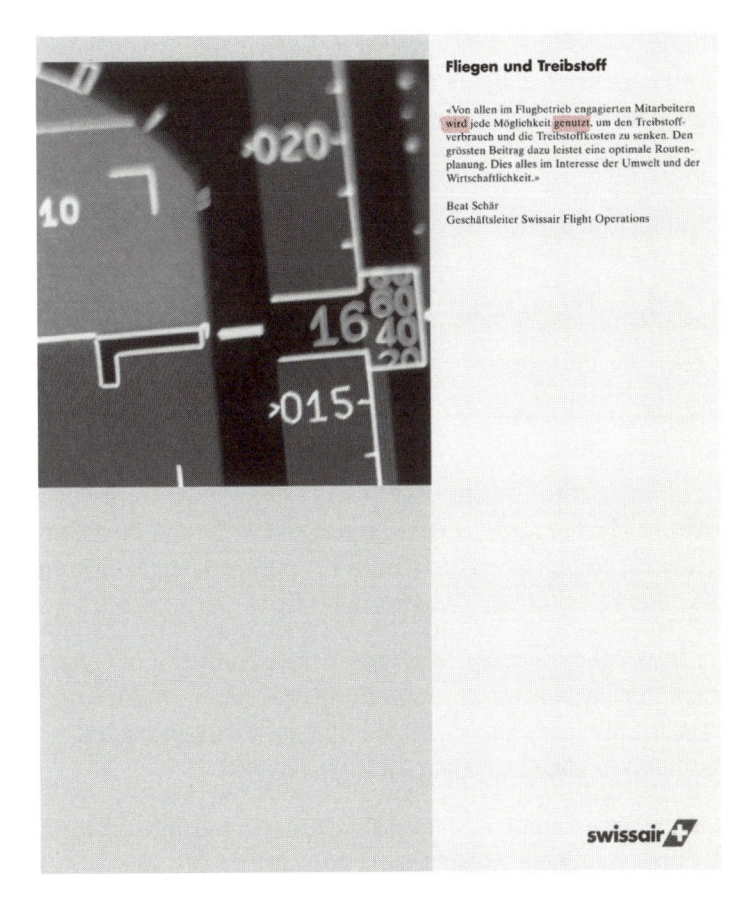

Das Passiv:
Im ersten Satz bringt es nur Nachteile.

Regel   Das passive Verb ist informationsarm und wirkt unpersönlich. Bevorzugen Sie daher das aktive Verb.

75

Der leserfreundliche Text

Kein Ratespiel für Leser – der leserfreundliche Text

Das Problem

Die Nummer 1.3.1 der Checkliste behandelt die Kriterien und Symptome leserfeindlicher Texte: Viele Texte sind nicht einfach auf Grund ihres Wortlautes, sondern nur mit Hilfe von Zusatzvermutungen verständlich. Meistens sind es gehäufte grammatische Fehler und Verstösse gegen die Leserfreundlichkeit, die das «geistige Korrekturprogramm» des Lesers fordern.

Der leserfeindliche Text

Immer öfter geraten wir an Texte, deren Aussage uns nicht völlig klar wird. Oder schlimmer: Wir lesen einen Text und verstehen ihn beim besten Willen nicht.

Die Ursachen für eine solch missglückte Kommunikation sind stets die gleichen: Der Schreiber begeht eine Reihe von Verstössen gegen die Grundregeln der Grammatik, gegen gewisse Prinzipien der Leserfreundlichkeit – oder gegen beide.

Beispiele Die folgenden Textpassagen beanspruchen unser geistiges Korrekturprogramm in unterschiedlichem Masse. Während das erste Beispiel nur unmerklicher Korrekturen bedarf, stellt das zweite unser Korrekturprogramm auf eine harte Probe.

Ein Kreditkartenunternehmen stellt seinen Geschäftsführer, wie im nächsten Ausschnitt abgebildet, mit folgenden Worten vor:
«Hans J. Willi *verfügt über eine mehr als 20-jährige Erfahrung im Kreditkartengeschäft, zuletzt seit 1994* als für EUROCARD verantwortliches Mitglied der Geschäftsleitung von EUROPAY (Switzerland) SA.»

3 Der leserfreundliche Text

Die zweite Satzhälfte ist Unsinn, denn sie besagt: «Hans J. Willi verfügt zuletzt seit 1994 über eine mehr als 20-jährige Erfahrung im Kreditkartengeschäft». Doch die meisten Leser übersehen diesen Widerspruch und stellen unbewusst den richtigen Sinn her: «Hans J. Willi verfügt über eine mehr als 20-jährige Erfahrung im Kreditkartengeschäft. Seit 1994 ist er in der Geschäftsleitung von EUROPAY.»

Die Bildlegende ist Unsinn, doch unser «geistiges Korrekturprogramm» stellt leicht den richtigen Sinn her.

«‹Es gebe aber keine Hinweise auf Vergiftungen›, sagte Coca-Cola-Sprecherin Maureen O'Sullivan in Brüssel. ‹Es ist eine *Qualitätsfrage, wo* ein seltsamer Geruch oder Geschmack auftreten kann›, sagte O'Sullivan.» (*Tages-Anzeiger* vom 11. Juni 1999)

Der zweite Teil der Aussage der Coca-Cola-Sprecherin ist unverständlich. Wir erraten folgenden Sinn: «Es gibt keine Hinweise, dass Konsumenten durch den Genuss von belgischem Coca Cola vergiftet wurden. Allerdings ist die Qualität belgischer Lieferungen beeinträchtigt. Daher kann die Brühe allenfalls seltsam riechen oder schmecken.» Fazit: Das Relativpronomen «wo» ist grammatisch falsch verwendet (korrekt wäre «falls» oder «wobei»). Das Abstraktum «Qualitätsfrage» steht in völlig falschem Sinn.

Diese beiden Beispiele zeigen, dass wir zwischen zwei Typen leserfeindlicher Texte unterscheiden können:

- Erster Typ: Der Text «hinkt» zwar, doch ist er zugänglich. Meist müssen wir den Text bewusst oder unbewusst in unserem Geist korrigieren, da er durch die sprachlichen Unzulänglichkeiten des Autors eine etwas andere als die beabsichtigte Aussage besitzt.
- Zweiter Typ: Der Text ist uns völlig unzugänglich. Selbst unser geistiges Korrekturprogramm kapituliert angesichts der massiven Verstösse und Fehler.

Sowohl Texte des ersten wie des zweiten Typus stellen für den Leser eine Zumutung dar und treten das Prinzip der Leserfreundlichkeit mit Füssen. Texte des ersten Typus zwingen den Leser zum unerwünschten Ratespiel; Texte des zweiten Typus verwehren dem Leser den Zugang.

«Sprachdummheiten»

Hinkende Texte des ersten Typus leben stets von der unzureichenden Sprachkompetenz des Verfassers. Oft sind sie durch so genannte «Sprachdummheiten» gekennzeichnet. Die Mehrzahl der klassischen Sprachdummheiten lässt sich einer der folgenden drei Kategorien zuordnen:

- Missachteter Superlativ (Superlativ anstelle des vergleichenden Komparativs). Beispiele:

    «Die Wohneigentumsquote in der Schweiz von 33 Prozent ist im Vergleich zum Ausland am *tiefsten* und ist insbesondere seit 1972 stabil geblieben.» (*Davoser Zeitung*, 31. Dezember 1998)
    Bei Vergleichen kann nur der Komparativ (hier also: «tiefer») zum Tragen kommen. Der Leser muss den Text folgendermassen korrigieren: «Die Wohneigentumsquote in der Schweiz ist tiefer als im Ausland.»

«Der *kälteste* Februar seit 41 Jahren…», «der *wärmste* Sommer seit 35 Jahren…» (eine immer wiederkehrende Wendung).
In diesem versteckten Vergleich sind die Superlative «kälteste» und «wärmste» widersinnig. Auch hier sind die Komparative gefragt: Seit 41 Jahren war kein Februar kälter, seit 35 Jahren kein Sommer wärmer (aber der Februar vor 42 Jahren war noch kälter, der Sommer vor 36 Jahren noch wärmer).

- Falscher Bezug des Adjektivs oder Partizips. Beispiele:

«Alles neu macht der Mai. Nein, diesmal liegt es nicht am schönsten Monat des Jahres, dass Veränderungen zu bemerken sind. Die sich *wandelnde* Umgebung von Flims ist auf jeden Fall nicht darauf zurückzuführen. Hier liegt die Ursache in einem der wohl ersehntesten Bauwerke: Der Umfahrung.» (*arena alva* vom 21. Mai 1999)
Eine im Bau befindliche Umfahrung kann nie die Ursache einer «sich wandelnden Umgebung» sein. Richtig muss es heissen: «Die Umfahrung ist der Grund für die Wandlung der Flimser Umgebung». Das geistige Korrekturprogramm des Lesers ersetzt dabei stillschweigend das Partizip «wandelnd» durch ein Abstraktum «Wandlung».

«Die Unfälle mit *getöteten* Personen auf Schweizer Strassen nahmen letztes Jahr wieder zu; insbesondere auf dem Fussgängerstreifen. Es besteht Handlungsbedarf!» (*Reflexe*, Informationsmagazin bfu, 2/99)
Nimmt der Leser diese Formulierung wörtlich, bedeutet der Satz: In der Schweiz werden immer mehr Tote auf Fussgängerstreifen angefahren. Selbstverständlich ist leicht zu erraten, was der Autor ausdrücken will: «Immer mehr tödliche Unfälle geschehen auf Fussgängerstreifen.»

- Mehrfache Verneinungen. Beispiele:

«Im *bis auf 300 Plätze nicht ausverkauften* Stadion auf Schluefweg erlebte einer die Play-off-Abnützung mit ganz besonderen Gefühlen.» (*NZZ* vom 5. März 1999)

Ist das Stadion «bis auf 300 Plätze nicht ausverkauft», sind nur 300 Zuschauer anwesend. Dies ist hier natürlich nicht der Fall, denn eine Verneinung beziehungsweise ein verneinender Ausdruck – entwder «bis auf …» oder «nicht (ausverkauft)» – ist überflüssig. Am einfachsten korrigieren wir: «im bis auf 300 Plätze ausverkauften Stadion Schluefweg …»

«Die neuerliche Vorlage, die insbesondere der illegalen Einwanderung *keinen Riegel* schieben will, hat im Volk *kaum Vertrauen* in den *Schein* erweckt, das Problem ‹im Griff› zu haben.» (Aus einer Presse-Erklärung der Schweizer Demokraten vom Januar 1999)

Dieser Satz strotzt von Verneinungen oder verneinenden Wendungen, in die sich der Leser verheddert: «Eine Vorlage, welche die nicht legale Einwanderung nicht verhindert, schafft beim Volk nicht das Vertrauen in den nicht wirklichen Eindruck, das Problem im Griff zu haben» – das ist zu viel des Guten!

Nichts mehr zu retten

Neben den hinkenden Texten des ersten Typus stossen wir gelegentlich auch auf Texte des zweiten Typus, bei denen nichts mehr zu retten ist: Unser geistiges Korrekturprogramm kapituliert vor all den grammatischen Fehlern und den Verstössen gegen die Leserfreundlichkeit.

Beispiel Die Homepage eines Friteusen-Herstellers präsentiert das Unternehmen unter anderem mit folgenden Worten:
«In der Schweiz haben wir inzwischen ein Marktvolumen erreicht, das sich sehen lassen kann. Wir verkaufen in der Schweiz jede dritte Friteuse und zwei von drei Teigwarenkochautomaten kommen aus unserem Hause … Anfangs Oktober 1998 hatten wir ein Stand an der internationalen Gastronomie Messe. An dem neuen Messestandort in München hatten wir eine grosse Referenz und viel Interesse wurde an unseren Produkten gezeigt. Der Standort München bewies sich als effiziente Kommunikationsplattform für Gastronomieangelegenheiten mit internationalem Charakter.»

Ein solcher Text ist eine Zumutung für den Leser:

- Er enthält erstens eine Ansammlung von grammatischen Fehlern: «Anfangs Oktober 1999 …» (richtig wäre: «Anfang Oktober 1999 …) «… hatten wir ein Stand …» (richtig wäre: «… hatten wir einen Stand …») oder «Der Standort München bewies sich …» (richtig wäre: «… erwies sich …»).
- Daneben verletzt er elementare Gebote der Leserfreundlichkeit: so mit dem unnötigen und zudem falsch verwendeten Fremdwort in «… hatten wir eine grosse Referenz» (gemeint ist wohl: «… wurde uns grosse Reverenz erwiesen») oder mit der langfädigen Nominalgruppe «… effiziente Kommunikationsplattform für Gastronomieangelegenheiten mit internationalem Charakter».

Oft verbergen sich hinter solch hilflosen Texten gute Absichten: Der Autor bemüht sich, schwierige Gedankengänge in Worte zu fassen und auf ein (zu) hohes sprachliches Niveau zu heben.

Beispiel Der im folgenden Ausschnitt abgebildete Text stammt aus dem Prospekt eines Messestand-Bauers. Er ist auf weite Strecken nicht mehr verständlich und gipfelt in der pseudo-philosophischen Aussage:

«Ein Basisaspekt dafür ist das Wissen über die Möglichkeiten des Unmöglichen.»

Kommentar überflüssig!

Die Vielseitigkeit
Zur Geburt des Messestandes

Der Showroom-Besuch
Unsere langjährige Erfahrung zeigt, dass ein Showroom-Besuch des Entscheiders in der Entstehungsphase unerlässlich ist.
Unser Standardprogramm bietet rund 18'000 Artikel. Die innovative Technik und die Vielseitigkeit lassen sich ohne Showroom nur begrenzt erklären.
Bei allen Showroom-Besuchern sprengt die völlig neue Technik den Vorstellungsrahmen. Dadurch entstehen die für das Konzept so wichtigen Ideen und Lösungen.

Der Prozess
Ein individueller Messestand ist kein Artikel. Die Entstehung eines neuen Standkonzepts ist immer ein Prozess in enger Zusammenarbeit mit dem Kunden. Mit einer schrittweisen Annäherung an das optimale Resultat. Ein Basisaspekt dafür ist das Wissen über die Möglichkeiten des Unmöglichen.

Ach wie gut, dass niemand weiss, was ich wirklich sagen will…

Weitere Beispiele solch «sprachloser» Texte haben wir bereits auf den Seiten 13 und 14 angetroffen.

Solche Texte dienen uns als Warnung und legen folgendes Motto nahe: «Lieber ein solider Text ohne geistige Höhenflüge als ein Erguss von Absurditäten.»

Regel Bleiben Sie auf dem Teppich Ihrer sprachlichen Möglichkeiten: Lieber einfach und solide als hochtrabend und unverständlich.

4 Logik –
führen Sie den Leser durch den Text

Was ist Logik?

Wir haben bisher gelernt, unsere Texte leserfreundlich zu gestalten. Auf dieser Grundlage wollen wir einen Schritt weiter gehen und eine weitere Anforderung an unsere Texte stellen: Unsere Texte sollen logisch aufgebaut sein!

Konkret ist mit dem Ruf nach Logik gemeint, dass

- ... auf der Satzebene die einzelnen Sätze folgerichtig ineinander übergehen und die logischen Zusammenhänge für den Leser stets ersichtlich sind.
- ... auf der Textebene eine Gliederung vorhanden ist, die den Leser vom Textanfang zum Textende geleitet. Erreicht wird eine solche Gliederung durch jeweilige Wiederholungen, Zusammenfassungen und Querverweise («Redundanz»).

Das Wesen der Satzlogik illustriert folgender Vergleich zweier Mustertexte, die jeweils den Begriff «Raub» umschreiben (aus der Beispielsammlung von I. Langer, F. Schulz v. Thun und R. Tausch; siehe Seite 33):

Text 1	Text 2
«Was ist Raub? – Jemand wendet gegen einen anderen Gewalt an. Das ist Raub, es gehört ihm nämlich nicht. Er will es für sich behalten, was er ihm wegnimmt. Zum Beispiel ein Bankräuber, der dem Angestellten mit der Pistole droht. Auch wenn man jemandem droht, dass man ihm etwas Schlimmes antun will, ist es Raub.»	«Was ist Raub? – Raub ist ein Verbrechen: Jemand nimmt einem anderen etwas weg, was ihm nicht gehört. Er will es behalten. Dabei wendet er Gewalt an oder droht dem anderen etwas Schlimmes an. Drei Dinge sind wichtig: 1. etwas wegnehmen, was einem nicht gehört; 2. es behalten wollen; 3. Gewalt oder Drohung. Beispiel: Ein Bankräuber droht dem Angestellten mit der Pistole und nimmt sich das Geld.»

Der Unterschied zwischen beiden Texten ist klar: Text 2 ist viel logischer als Text 1. Betrachten Sie hierzu folgende Gegenüberstellung:

Text 1	Text 2
wechselnde, unklare Bezüge («Wer/was ist jetzt wieder gemeint?»)	klare Bezüge
Gedankensprünge	klare, ineinander greifende Abfolge der Gedanken
keine äussere Gliederung	einfache Informationsaufbereitung durch Einzug und Nummerierung zusammengehöriger Textpassagen

Eine Übersicht zur Logik bietet unsere Checkliste:

Checkliste «Logik»

Nr.	Was zeichnet unseren Text aus?	Was ist zu vermeiden?	Häufigkeit des Verstosses im Feldversuch (siehe Seite 36)
2. Logik			
2.1.1	■ Klare Satzanschlüsse	– Fehlende oder unlogische Satzanschlüsse durch Konjunktionen – Missverständliche oder falsche Satzanschlüsse durch Pronomen	83 %
2.1.2	■ Richtige Wahl der verbalen Zeiten und Aussageweisen	– Falsche Wahl der Zeiten (vor allem Vergangenheit) – Falsche Wahl der Aussageweisen	49,8 %
2.2.1	■ Angemessene Informationsgestaltung	– Fehlende Informationen	19,2 %
2.2.2	■ Logische Gedankenreihung	– Gedankensprünge (fehlender Zwischengedanke)	28,7 %

Zum besseren Verständnis der Checkliste beziehungsweise der weiteren Ausführungen ist Folgendes zu berücksichtigen:

- Die Forderung nach Logik kann nur an die Satzebene und die Textebene, nicht aber an die Wortebene gestellt werden. Ein Abschnitt «Das logische Wort» entfällt also.
- Die auf der Checkliste «Logik» aufgeführten Nummern 2.1.1 bis 2.2.2 sind deutlich von Nummer 1.3.1 auf der Checkliste «Leserfreundlichkeit» abgegrenzt: Punkt 1.3.1 umfasst hinkende oder mehrheitlich unverständliche Sätze oder Texte, die erhebliche grammatische oder logische Verstösse zeigen (siehe Seiten 76 ff.). Die Punkte 2.1.1 bis 2.2.2 behandeln dagegen die fortgeschrittenen sprachlichen Mittel der Textgliederung und des Textzusammenhalts: Pronomen, Konjunktionen, Gebrauch der Zeiten und Aussageweisen des Verbs und andere mehr.

Regel Schreiben Sie logisch.
Führen Sie Ihren Leser durch den Text.

Der logische Satz

Der Satzanschluss – klar und unmissverständlich

Das Problem

Nummer 2.1.1 der Checkliste behandelt den Gebrauch der koordinierenden (beiordnenden) Konjunktionen und Pronomen: Diese beiden Wortklassen stellen sicher, dass die Einzelsätze logisch und folgerichtig miteinander verbunden sind. Fehlen Konjunktionen und Pronomen oder werden sie unkorrekt verwendet, knüpfen die in den Einzelsätzen ausgedrückten Gedanken nur ungenügend oder gar falsch aneinander an. Die Verständlichkeit des Satzes ist damit wesentlich beeinträchtigt.

Funktion von Konjunktionen und Pronomen

Die deutsche Sprache besitzt eine Vielzahl von Werkzeugen, um Einzelsätze miteinander zu verknüpfen und zusätzliche Informationen zu liefern. So geben Pronomen an, wer gemeint ist; koordinierende (beiordnende) Konjunktionen zeigen uns, ob der Satz das Vorhergehende begründet, einen Einwand liefert oder eine zeitliche Abfolge angibt.

Die kommunikative Bedeutung dieser ordnenden Wortklassen steht in umgekehrtem Verhältnis zu ihrer Grösse: Pronomen wie *er, sie, es* bestehen oft nur aus einer einzigen Silbe. Ebenso kurz sind koordinierende Konjunktionen wie *denn, da, aber, auch* usw. Gerne übersehen wir daher ihre ordnende Kraft.

In unserem Feldversuch konnten wir im Gebrauch dieser beiden Wortklassen folgende Versäumnisse feststellen:

- Ein notwendiger Satzanschluss durch eine koordinierende Konjunktion fehlt.
- Der Satzanschluss durch eine koordinierende Konjunktion ist vorhanden, doch ist diese missverständlich oder unlogisch verwendet.
- Der Satzanschluss durch ein Pronomen ist vorhanden, doch ist das Pronomen missverständlich oder falsch gesetzt.

Satzanschluss – Konjunktion ja oder nein?

Nicht jeder Satz muss äusserlich mit dem vorhergehenden durch koordinierende Konjunktionen verknüpft sein. Dies zeigen die folgenden beiden Textbeispiele:

a) «Die Lampe brennt nicht. Die Stromleitung ist unterbrochen.»
b) «Es hat Frost gegeben. Die Heizungsrohre sind geplatzt.»

Wir verstehen die Aussagen von Text *a)* und *b)*, obschon klärende Konjunktionen fehlen. Ebenso gut könnten die beiden Textbeispiele jedoch folgendermassen ergänzt werden:

c) «Die Lampe brennt nicht. Denn die Stromleitung ist unterbrochen.» (Begründung)
d) «Es hat Frost gegeben. Daher sind die Heizungsrohre geplatzt.» (Folge)

Dass wir die Texte *a)* und *b)* nicht schlechter als die mit Konjunktionen ergänzten Versionen *c)* und *d)* verstehen, liegt an unserem Vorwissen sowie an der Semantik (am Bedeutungsinhalt) der verwendeten Wörter: In Text *a)* besagt der Ausdruck «nicht brennen» bereits den Sachverhalt «keinen elektrischen Strom haben». Deshalb überrascht der folgende Verweis auf die unterbrochene Stromleitung nicht. Die Konjunktion «denn», die eine Begründung signalisiert, wird damit nicht benötigt. Ähnlich verhält es sich bei *b)*: «Frost» deutet auf «gefrorenes Wasser» beziehungsweise «Eis», das «daher» die Rohre gesprengt hat.

Wir bezeichnen Texte wie *a)* und *b)* als semantisch zusammenhängend (kohärent). Allerdings ist ein solcher semantischer Zusammenhalt nicht in allen Texten gegeben. Ist der semantische Zusammenhalt gering oder fehlt er vollständig, dann sind koordinierende Konjunktionen zur Gewährleistung des logischen Satzzusammenhalts notwendig.

Beispiele In den folgenden Texten ist der semantische Zusammenhalt gering, die Zusammenhänge sind für den Leser nicht ohne weiteres erkennbar. Es fehlt daher eine ordnende Konjunktion.

«Dürrenmatt zeigte Missstände auf, ohne sich als Moralapostel aufzuspielen – dafür war er zu sehr im Leben verwurzelt. Er sagte: ‹Das Stück ist von einem geschrieben worden, der sich von diesen Leuten durchaus nicht distanziert und der nicht sicher ist, ob er anders handeln würde.›» (aus unserem Feldversuch)

Die im zweiten Satz zitierte Aussage soll belegen, dass sich Dürrenmatt von den Protagonisten in seinem Stück «Besuch der alten Dame» nicht distanziert. Diese Aussage darf jedoch nicht im Raum stehen, sondern sollte an den vorherigen Text durch eine begründende Konjunktion angebunden sein. Besser ist also: «*Denn* Dürrenmatt sagte selbst, das Stück sei von einem geschrieben, der sich von diesen Leuten nicht distanziere …»

«Ein Foul von Casamento am durchgebrochenen Huber führte zehn Minuten nach dem Wechsel zu einer roten Karte gegen den Berner Verteidiger, aber nicht zum fälligen Elfmeter. Das Vergehen hatte sich innerhalb des Strafraumes ereignet.» (*Tages-Anzeiger* vom 21. November 1998)

Wer die Fussballregeln nicht kennt, wird den Zusammenhang zwischen erstem und zweitem Satz nicht verstehen. Klar wird dieser Zusammenhang erst mit der adversativen (entgegenstellenden) Konjunktion: «Das Vergehen hatte sich innerhalb des Strafraums ereignet. *Doch* wurde der fällige Elfmeter nicht gepfiffen.»

Konjunktionen logisch verwenden

Nicht nur ein fehlender Satzanschluss kann Probleme bereiten. Oft verhält es sich genau umgekehrt: Wir fügen leichtfertig eine koordinierende Konjunktion in unseren Satz, die nicht dem logischen Sachverhalt entspricht.

Beispiele In welchem Umfang sinnwidrig gesetzte Konjunktionen einen Text entstellen, zeigen die folgenden beiden Textpassagen.

«Grossartig ist vor allem Schawinskis PR-Strategie. Mit einer Crew von rund 130 Leuten – teils sehr junge, unerfahrene, billige Journalisten, die nicht viel mehr als den unbedingten Ehrgeiz zu bieten haben – gelingt es ihm trotzdem, omnipräsent zu sein.» (*Sonntags-Zeitung* vom 11. Oktober 1998)

Die Konjunktion «trotzdem» ist im zweiten Satz sinnwidrig verwendet. Denn der Satz enthält eine Begründung und keinen Gegensatz. Es muss also heissen: «Schawinskis PR-Strategie ist grossartig. *Denn* trotz der Tatsache, dass seine unerfahrene Crew wenig zu bieten hat, reden alle von Schawinskis neuem Fernsehkanal.»

«Younis Edwan aus Shafa Badran ... dürfte derzeit mit einer Grösse von 65 Zentimetern der kleinste Mann der Welt sein.

Jedenfalls hat das ‹Guiness-Buch der Rekorde› die ‹Jordan Times› wissen lassen, dass nach dem Tode des Inders Gul Mohammad, der lediglich 50 Zentimeter mass, ein Jordanier als neuer Rekordhalter bezüglich Kleinwuchs gelte, sofern der Betreffende bestimmte Auflagen erfülle. Dazu gehört es auch, sich an einem bestimmten Tag dreimal messen zu lassen ...

Trotz seiner minderen Statur *aber* hat Younis bisher ein weitgehend normales Leben geführt. Zwar hat sich sein Traum, Philosophie zu studieren, nicht erfüllt. Doch heute ist Younis Besitzer eines Gemüseladens, den er inzwischen vermietet hat, weil die Arbeit im Geschäft zu anstrengend wurde. Ausserdem ist er *jedoch* seit einer Beinverletzung noch auf den Rollstuhl angewiesen.» (*Tages-Anzeiger* vom 30. August 1998)

Dieser Text bietet – abgesehen von Stilblüten und Schachtelsätzen – gleich drei sinnwidrig verwendete Konjunktionen:

Erstens: Die Konjunktion «jedenfalls», die den zweiten Abschnitt einleitet, drückt eine Einschränkung aus. Die im Text genannten Informationen lassen bis auf weiteres aber nicht daran zweifeln, dass Younis Edwan der kleinste Mann der Welt ist. «Jedenfalls» wirkt daher abfällig.

Zweitens: Die Konjunktion «aber» verweist auf einen Gegensatz, der bereits in «trotz seiner ... Statur» ausgedrückt ist.

Drittens: Im letzten Satz signalisiert «jedoch» einen weiteren Gegensatz. Was dann folgt, ist allerdings kein Gegensatz, sondern eine Ergänzung: Der kleine Mann ist behindert und auf den Rollstuhl angewiesen.

Überhaupt wird die Argumentation im letzten Teil ad absurdum geführt: «Trotz der Behinderung führt Younis Edwan ein gewöhnliches Leben. Er konnte deswegen zwar nicht studieren. Doch er hat einen normalen Beruf. Den kann er allerdings nicht mehr ausüben, weil seine Behinderung ihn zu sehr ermüdet. Hinzu kommt, dass er nach einem Unfall auf den Rollstuhl angewiesen ist.» Solche schreiberische Nachlässigkeit ist unfair.

Das rückverweisende Pronomen als Stolperstein

Wie Konjunktionen spielen auch rückverweisende Pronomen bei der Verknüpfung einzelner Sätze zu einem Text eine wichtige Rolle. Denn sie haben die Aufgabe, uns ein bereits genanntes Wort in Erinnerung zu rufen. Allerdings ist der Gebrauch dieser Pronomen nicht ohne Tücken. Oftmals neigen wir in der Hitze des Gefechts nämlich dazu,

- ... das Pronomen in eine missverständliche Satzposition zu rücken.
- ... das Pronomen in das falsche Geschlecht und die falsche Zahl zu setzen (so genannte falsche Referenz).

Beispiele Auch erfahrenen Schreibern unterlaufen im Gebrauch der rückverweisenden Pronomen Versehen. In den folgenden Textpassagen sind Pronomen verwirrend oder falsch gesetzt.

«Die Internetnutzer befürchten zudem, dass ihre persönlichen Daten missbraucht werden und weigern sich, irgendwelche Angaben zu ihrer Person zu machen. Immerhin zwei Drittel sind dazu bereit, wenn ihnen das Unternehmen bekannt ist und *sie* als seriös gilt.» (*Tages-Anzeiger* vom 15. Dezember 1999)

Im zweiten Satz verweist das Pronomen «sie» ins Leere. Gemeint ist wohl: «Immerhin sind zwei Drittel der Internetnutzer bereit, persönliche Angaben im Netz zu hinterlassen, wenn das Unternehmen bekannt ist und *es* als seriös gilt.»

«Aus diesem Grossangebot kommunikativer Instrumente sind jene auszuwählen, die sich ein KMU dauerhaft leisten will und kann. Den Grossunternehmen stehen *diese Kenntnisse* in besonderem Masse zur Verfügung. Worunter *sie* aber häufig leiden, ist der Mangel an unternehmerischen Persönlichkeiten, die Firma und Produkt ganzheitlich verkörpern.» (aus einer Fachzeitschrift für Kleinunternehmer)

Diese Textpassage bietet gleich zwei logische Verstösse: Erstens deutet das Pronomen «diese (Kenntnisse)» an, dass bereits von irgendwelchen Kenntnissen die Rede war – der vorangehende Satz nennt jedoch nur «kommunikative Instrumente». Zweitens ist das Pronomen «sie» im folgenden Satz zwar nicht falsch, aber missverständlich: Der Leser wird es beim ersten Durchlesen auf das Subjekt des vorangehenden Satzes «diese Kenntnisse» beziehen. Erst im zweiten Durchgang wird klar, dass es die Grossunternehmen sind, die an einem «Mangel an unternehmerischen Persönlichkeiten leiden».

Verheerend sind falsch gesetzte Pronomen, wenn es gilt, einen komplexen Sachverhalt zu erklären. Der im folgenden Ausschnitt abgebildete Text aus *20 minuten* vom 13. Dezember 1999 vermittelt eine neue wissenschaftliche Theorie zur Krankheit BSE mit den Worten:

«Das Immunsystem greife bei BSE irrtümlich das Gehirn an. Weil *ihre* Proteine ähnlich aufgebaut seien, verwechsle *es* nämlich die Gehirnzellen mit einem Bakterium.»

Falsch verwendete Pronomen sind bei komplexen Sachverhalten verheerend.

Leider knüpft das Pronomen «ihre» an kein vorangehendes Wort an. Das Pronomen «es» wirkt zusätzlich verwirrend. Der Text ist somit unverständlich. Gemeint ist wohl: «Weil die Proteine von BSE und des Gehirns gleich aufgebaut sind, verwechsle das Immunsystem die Gehirnzellen mit den Erregern (Prionen) von BSE.»

Der im folgenden Ausschnitt abgebildete Text aus einem Prospekt der Firmen Oracle und Compaq zeigt, dass in gewissen Fällen anstelle eines Pronomens besser der betreffende Begriff wiederholt wird (so genannte Rekurrenz):

«Data Warehouse und Business Intelligence sind probate Mittel für den Zugriff auf unternehmensweite Informationsquellen. *Dieser* ist der wichtige Faktor für Firmen, die sich ihre Zukunft absichern wollen.»

Lieber eine Wortwiederholung als ein missverständliches Pronomen.

Das Pronomen «dieser» ist im zweiten Satz missverständlich, denn es bezieht sich nicht auf das Subjekt, sondern auf das Adverbiale «für den Zugriff» des vorangehenden Satzes. Daher ist der Leser versucht, den grammatisch an und für sich korrekten Satz in «*Dieses* ist der wichtige Faktor für Firmen...» zu korrigieren. In solchen missverständlichen Situationen empfiehlt es sich, das Bezugswort zu wiederholen: «Data Warehouse und Business Intelligence sind probate Mittel für den Zugriff auf ... Informationsquellen. *Dieser Zugriff* ist der wichtige Faktor ...»

Regel Verwenden Sie koordinierende Konjunktionen bewusst und überlegt. Kontrollieren Sie den Gebrauch der rückverweisenden Pronomen.

Zeiten und Aussageweisen des Verbs – im Dienst des Textzusammenhangs

Das Problem

Nummer 2.1.2 der Checkliste behandelt den Gebrauch der Zeiten (Tempora) und Aussageweisen (Modi) des Verbs. Zeiten wie Aussageweisen sind wichtige Textsignale und damit für die innere Logik des Textes ausschlaggebend: Die Zeiten orientieren über die zeitliche Perspektive der Handlung; die Aussageweisen bezeichnen den Realitätsgrad der Handlung. Der Gebrauch von Zeiten und Aussageweisen unterliegt grammatischen Regeln, die allerdings selbst von erfahrenen Schreibern oft übersehen werden. Damit leidet die innere Logik und die Verständlichkeit des Satzes.

Zeiten und Aussageweisen: die Textsignale

Neben den koordinierenden Konjunktionen und den rückverweisenden Pronomen haben auch die grammatischen Zeiten und die Aussageweisen des Verbs ordnende Funktion. Sie dienen als versteckte Signale, die jeweils für eine gewisse Textpartie gelten. Dabei geben die Zeiten Auskunft über die zeitliche Perspektive der Handlung oder des Sprechers; die Aussageweisen zeigen an, ob die Handlung wirklich stattfindet oder nur möglich, unwirklich, «behauptet» ist.

Über die wichtigsten Signalfunktionen orientiert die folgende Tabelle:

Bezeichnung	Sprecherperspektive/Signal		Beispiel
	Präsens	Gegenwart	«*Es regnet (tatsächlich).*»
Zeiten der Gruppe I «besprochene Welt»	Perfekt	Rückschau zur Gegenwart	«*Es hat gestern geregnet (darum sind die Strassen feucht).*»
	Futur I	Vorschau zur Gegenwart	«*Es wird regnen (daher machen wir uns auf den Heimweg).*»
Zeiten der Gruppe II «erzählte Welt»	Präteritum	Vergangenheit	«*Es regnete (damals) zwei Wochen lang.*»
	Plusquam-perfekt	Rückschau zur Vergangenheit	«*Nachdem es geregnet hatte, blieb das Wetter ein paar Wochen schön.*»
Aussageweisen	Indikativ	Bejahung (Geschehen findet wirklich statt)	«*Er ist (wirklich) unschuldig.*»
	Imperativ	Befehl (Geschehen muss erfolgen)	«*Aufstehen!*»
	Konjunktiv I	schwache Relativierung (Geschehen ist behauptet, denkbar, möglich)	«*Er behauptete, er sei unschuldig.*»
	Konjunktiv II	starke Relativierung (Geschehen ist un-wirklich, nur vorgestellt oder gewollt)	«*Wäre er unschuldig, wäre er nicht geflohen.*»

Der Gebrauch der Zeiten und Aussageweisen unterliegt grammatischen Regeln. Missachten wir diese Regeln, leidet die Logik unserer Sätze und Texte.

Der Gebrauch der Vergangenheitszeiten

Besondere Probleme bereiten die drei Zeiten der Vergangenheit Perfekt, Präteritum und Plusquamperfekt in ihrem gegenseitigen Verhältnis. Für ihren Gebrauch gelten die folgenden Faustregeln:

- Das *Perfekt* bezeichnet eine in der Vergangenheit liegende, abgeschlossene Handlung, deren Auswirkungen bis in die Gegenwart hineinragen. Wie das Präsens «bespricht» das Perfekt einen Sachverhalt. Es ist daher für den Newsjournalismus charakteristisch.

    Beispiel «Über dem Atlantik *ist* gestern ein Passagierflugzeug *abgestürzt*. Die Bergungsarbeiten sind in vollem Gange.»

- Das *Präteritum* bezeichnet eine in der Vergangenheit liegende, abgeschlossene Handlung, die für die Gegenwart keine Auswirkungen hat. Anders als Präsens und Perfekt «erzählt» das Präteritum von einem Sachverhalt. Es findet daher in Erzählungen und Geschichten Verwendung.

    Beispiel «Bekannt *wurde* Davos auch durch Schriftsteller wie Thomas Mann. Er *schrieb* einen Roman über Davos: ‹Der Zauberberg›.»

- Das *Plusquamperfekt* bezeichnet eine in ferner Vergangenheit liegende, abgeschlossene Handlung. Diese Handlung spielt sich auf einer Textebene ab, die vor der Ebene des Imperfekts (und des Perfekts) liegt. Wie das Präteritum «erzählt» das Plusquamperfekt von einem Sachverhalt.

    Beispiel «Ich legte mir das Seil um und die anderen liessen mich hinab. Die Schneebrücke war fest und die beiden Hunde lagen friedlich zusammengerollt und schliefen; sie *hatten* sich wunderbarerweise kein Glied *gebrochen* und freuten sich sehr, als sie mich erblickten. Ich band den einen an das Seil, er kam glücklich hinauf, und dann auch den zweiten.» (aus *Kapitän Scotts Tagebuch, Tragödie am Südpool*, 1910–1912)

Für den Gebrauch der Vergangenheitszeiten und des Präsens ergeben sich daher folgende Faustregeln:

- Regel 1: Kombinieren Sie das Präsens innerhalb des selben Satzes oder Textabschnitts nur mit dem Präsens (bei gleichzeitiger Handlung) oder dem Perfekt (bei vorzeitiger Handlung) und umgekehrt.
- Regel 2: Kombinieren Sie das Präteritum innerhalb des selben Satzes oder Textabschnitts nur mit dem Präteritum (bei gleichzeitiger Handlung) oder dem Plusquamperfekt (bei vorzeitiger Handlung) und umgekehrt.

Beispiele In den folgenden Textpassagen sind die Zeiten der Vergangenheit nicht korrekt gesetzt.

«Während er von seinen Fernsehplänen spricht, sitzt er in seinem kleinen Reich; es heisst Mediapolis und ist ein Unternehmen, das er mit dem TV-Produzenten Christian Ledergerber letzten Oktober *gegründet hatte*. Ledergerber machte sich vor allem als Produzent der Sitcom ‹Fascht e Familie› einen Namen.» (*Facts* vom 17. Dezember 1998)

Das Plusquamperfekt «gegründet hatte» ist falsch, da der Hauptsatz im Präsens steht. Korrekt ist nach Regel 1 das Perfekt: «... es heisst Mediapolis und ist ein Unternehmen, das er mit dem TV-Produzenten Christian Ledergerber letzten Oktober *gegründet hat*.»

«Desman, laut ‹Sports Illustrated› ‹die Verkörperung des amerikanischen Traums› und ein Mensch, der die totale Armut seiner Kindheit *abgestreift hatte*, ist Besitzer von ClubCorp, ein Unternehmen, das sich auf das Betreiben von Golfplätzen spezialisiert hat.» (*SonntagsZeitung* vom 20. Juni 1999)

Das Plusquamperfekt «abgestreift hatte» ist falsch, da der Hauptsatz im Präsens steht. Korrekt ist nach Regel 1 das Perfekt: «Desman, ... ein Mensch, der die totale Armut seiner Kindheit *abgestreift hat*, ist Besitzer von ClubCorp, einem (!) Unternehmen, das sich auf das Betreiben von Golfplätzen spezialisiert hat.»

«Die Bonobos leben in beinahe pazifistisch anmutenden Gemeinschaften … Das soziale Miteinander der Bonobos *wurde* uns als Sonderfall nur *deutlich*, wenn wir uns zuerst die Geschlechterrollen bei den Schimpansen ansehen.» (*Das Magazin* vom 30. Januar 1999)

Das Präteritum «wurde (deutlich)» ist falsch, da der Textabschnitt gesamthaft im Präsens steht. Korrekt ist nach Regel 1 das Präsens: «Die Bonobos leben in beinahe pazifistisch anmutenden Gemeinschaften … Das soziale Miteinander der Bonobos *wird* uns als Sonderfall nur *deutlich*, wenn wir uns zuerst die Geschlechterrollen bei den Schimpansen ansehen.» – Allenfalls kann die zeitliche Perspektive des Textabschnitts auch in die Vergangenheit gedreht werden: Dann muss das Präsens «ansehen» nach Regel 2 dem Präteritum im Hauptsatz angeglichen werden: «Das soziale Miteinander der Bonobos *wurde* uns als Sonderfall zuerst deutlich, *als* wir uns die Geschlechterrollen bei den Schimpansen *ansahen*.»

«Zürich – ein Mekka der Viehhändler konnte erleben, wer letzte Woche an einer der beiden Versteigerungen für die kunstvollen Polyester-Kühe *teilgenommen hat*.» (*ZüriWoche* vom 1. Oktober 1998)

Das Perfekt «teilgenommen hat» ist falsch, da der Hauptsatz im Präteritum steht. Korrekt ist nach Regel 2 das Präteritum: «… ein Mekka der Viehhändler konnte erleben, wer letzte Woche an einer der beiden Versteigerungen für die kunstvollen Polyester-Kühe *teilnahm*.»

Der Gebrauch der Aussageweisen (Modi)

Dank den Aussageweisen des Verbs kann unsere Sprache zwischen Feststellung und Befehl oder Wunsch, wirklich Erfolgtem und Irrealem, direkt oder indirekt Gesagtem unterscheiden.

Das Deutsche besitzt, wie auf Seite 96 dargestellt, neben den Aussageweisen Indikativ und Imperativ auch zwei Konjunktive. Diese Aussageweisen werden wie folgt gebildet:

Bezeichnung	Bildung des Konjunktivs	Beispiel
Konjunktiv I (Konjunktiv Präsens)	*Präsensstamm* und Konjunktiv-Endungen -e, -(e)st, -e, -en, -(e)t, -en	ich *geh*-e*, du *geh*-est, er *geh*-e, wir *geh*-en*, ihr *geh*-et, sie *geh*-en* (nach dem Präsensstamm ich *geh*-e, du *geh*-st, er *geh*-t usw.)

Formen des Konjunktivs I, die wir mit «*» gekennzeichnet haben, sind mit den Präsensformen identisch. Sie werden nach der Regel des «gemischten» Konjunktivs durch den Konjunktiv II ersetzt. Siehe dazu Seite 103!

| Konjunktiv II (Konjunktiv Präteritum) | *Präteritalstamm* und Konjunktiv-Endungen -e, -(e)st, -e, -en, -(e)t, -en | ich *ging*-e, du *ging*-est, er *ging*-e, wir *ging*-en, ihr *ging*-et, sie *ging*-en (nach dem Präteritalstamm ich *ging*, du *ging*-st, er *ging* usw.) |

Diese Bildung des Konjunktivs II gilt nur für Verben mit «starkem» Präteritalstamm und Umlaut (‹fahren – ich *fuhr*›, ‹waschen – ich *wusch*› usw.). Verben mit «schwachem» Präteritalstamm auf -t- oder «starkem» Präteritalstamm ohne Umlaut bilden den Konjunktiv II ersatzweise mit *würde + Infinitiv*. Also: Konjunktiv II ‹ich würde lernen› statt ‹ich *lernt*-e›, ‹ich würde kaufen› statt ‹ich *kauft*-e› usw.

Die folgende Tabelle fasst die Gebrauchsweisen dieser beiden Konjunktive zusammen (die beiden häufigsten Gebrauchsweisen sind im Kursivdruck hervorgehoben):

Aussageweisen (Modi)	Vorkommen	Beispiel
Konjunktiv I (Konjunktiv Präsens)	■ *in indirekter Rede im Nebensatz* ■ in einem erfüllbaren Wunsch im Haupt- und Nebensatz ■ in einer Aufforderung ■ in einer vergleichenden Aussage	*«Er behauptet(e), er sei in der Schule gewesen.»* «Möge ich dieses Mal Glück haben!» «Seien Sie bitte etwas freundlicher.» «Es machte den Eindruck, als wolle er diese Aufgabe übernehmen.» (auch Konjunktiv II wollte möglich)

Aussageweisen (Modi)	Vorkommen	Beispiel
Konjunktiv II (Konjunktiv Präteritum)	■ in irrealen Aussagen ■ in einem unerfüllbaren Wunsch im Haupt- und Nebensatz ■ in einer vorsichtigen, skeptischen Aussage ■ in einem negativ beeinflussten Nebensatz	«Wenn er im Unterricht aufgepasst hätte, wüsste er die Antwort.» «Würde ich (doch) in der Lotterie gewinnen!» «Ich könnte diese Aufgabe (wohl) übernehmen.» «Es gibt nichts, was ich lieber täte.»

Berücksichtigt man dieses einfache Schema, sollte eigentlich nichts schief gehen. Dennoch kommt es immer wieder zu falsch gesetzten Konjunktiven. Probleme bereitet dabei die indirekte Rede. Sie steht gemäss der Tabelle oben im Konjunktiv I. Allerdings existiert hierzu eine Ausnahme: Wird eine im irrealen Konjunktiv II formulierte Aussage in indirekte Rede umgesetzt, bleibt der irreale Konjunktiv II (siehe folgende Grafik):

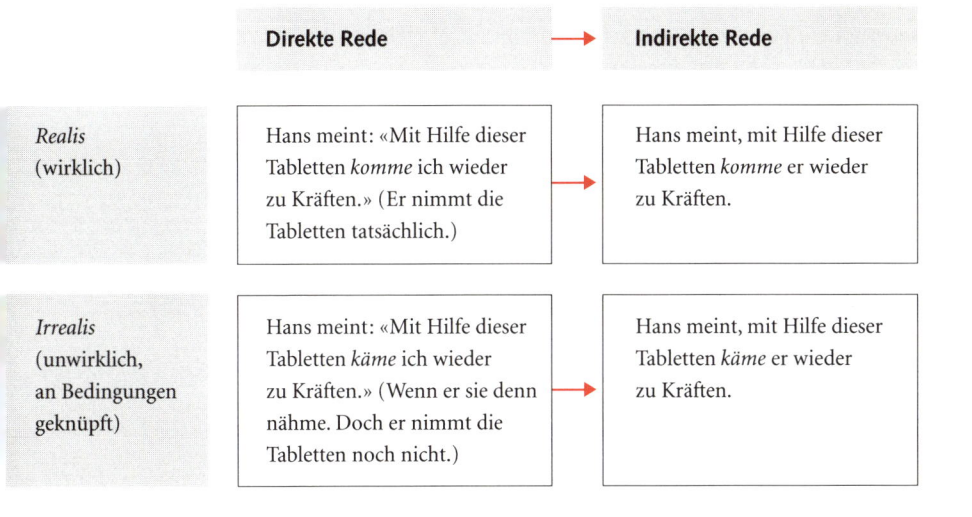

	Direkte Rede	**Indirekte Rede**
Realis (wirklich)	Hans meint: «Mit Hilfe dieser Tabletten *komme* ich wieder zu Kräften.» (Er nimmt die Tabletten tatsächlich.)	Hans meint, mit Hilfe dieser Tabletten *komme* er wieder zu Kräften.
Irrealis (unwirklich, an Bedingungen geknüpft)	Hans meint: «Mit Hilfe dieser Tabletten *käme* ich wieder zu Kräften.» (Wenn er sie denn nähme. Doch er nimmt die Tabletten noch nicht.)	Hans meint, mit Hilfe dieser Tabletten *käme* er wieder zu Kräften.

Beispiele Die folgenden beiden Textpassagen enthalten Konjunktivfehler, die auf die ungenügende Unterscheidung zwischen realer und irrealer Aussage in indirekter Rede zurückgehen.

«Leo Koch befasst sich innerhalb des Präsidiums mit den volkswirtschaftlichen Auswirkungen der Initiative. Er hält fest, dass es verfehlt *wäre*, die nichtverlässlichen Zahlen aus dem Finanzdepartement über den Ausfall in der Bundeskasse als Aufhänger gegen die Initiative zu nehmen.» (*Davoser Zeitung* vom 31. Dezember 1998)

Der zweite Satz enthält eine indirekte Rede. Da die «nichtverlässlichen Zahlen» als Argumente tatsächlich gegen die besagte Initiative gebraucht wurden (Realis), lautet das Zitat in direkter Rede: «Es ist verfehlt …» In indirekte Rede umgesetzt muss es daher heissen: «Er hält fest, dass es verfehlt *sei*, die nichtverlässlichen Zahlen aus dem Finanzdepartement … als Aufhänger gegen die Initiative zu nehmen.»

«Bill Gates will nichts von einer Aufsplittung wissen. Microsoft hat bisher eine ebenso harte Haltung eingenommen. Eine Aufteilung von Microsoft in mehrere Teile wäre eine ‹extreme und radikale› Massnahme, sagte ein Microsoft-Sprecher gestern, und dass die Forderung gerade jetzt erhoben werde, nachdem AOL und Time Warner eine Megafusion angekündigt hätten, sei doppelt ironisch. Aber die Experten glauben, dass eine Aufteilung des Konzerns die beste Lösung *wäre*.» (*Südostschweiz* vom 14. Januar 2000)

Die Passage enthält zu Beginn die Aussage des Microsoft-Sprechers, die auch in direkter Formulierung im Irrealis zulässig ist: «Eine Aufteilung von Microsoft wäre eine ‹extreme und radikale› Massnahme» – sofern sie denn vollzogen würde, was Microsoft aber als unmöglich (eben: irreal) ansieht. Der Konjunktiv II ist in seiner Funktion als Irrealis also auch in der indirekten Rede berechtigt. Anders verhält es sich im letzten Satz. Die Aussage kann aus neutralem Expertenmund in direkter Formulierung nur lauten: «Aber eine Aufteilung des Konzerns ist die beste Lösung!» Der Schlusssatz lautet daher besser: «Aber die Experten glauben, dass eine Aufteilung des Konzerns die beste Lösung *sei*.» Allerdings werden Abweichungen von dieser Regel heutzutage mehrheitlich toleriert, solange sie nicht zu groben Missverständnissen führen.

Der «gemischte» Konjunktiv

Ein weiterer Grund für viele Verwechslungen zwischen Konjunktiv I und Konjunktiv II liegt im so genannten «gemischten» Konjunktiv. Wie bereits in der Tabelle auf Seite 100 dargestellt, wird der Konjunktiv I in vielen Fällen durch den Konjunktiv II ersetzt. Die Faustregel für diesen «gemischten» Konjunktiv lautet:

«Wo eindeutige Formen des Konjunktivs I fehlen, springt der Konjunktiv II in die Lücke.»

Eindeutige Konjunktiv-I-Formen besitzen nur

- … die 2. Person Singular und Plural sowie die 3. Person Singular aller Verben: *du geh-est, er geh-e, ihr geh-et.*
- … das Verb *sein* in allen Personen: *ich sei, du sei(e)st, er sei, wir seien, ihr seiet, sie seien.*
- … die 1. Person von gewissen Modalverben und vom Verb *wissen*: *ich dürfe, ich könne, ich wisse.*

Dies bedeutet: Alle anderen Formen werden durch den Konjunktiv II – beziehungsweise die Umschreibung aus Infinitiv plus *würde* – ersetzt! (Siehe folgende Grafik «Der gemischte Konjunktiv».)

	Konjunktiv I	… wird ersetzt durch …	**Konjunktiv II**
Indirekte Rede	Viele meinen, mit Hilfe dieser Tabletten *kommen* sie wieder zu Kräften.	→	Viele meinen, mit Hilfe dieser Tabletten *kämen* sie wieder zu Kräften.

Beispiele Der «gemischte» Konjunktiv ist der eigentliche Verantwortliche für den «Konjunktivsalat», den selbst Profischreiber in folgenden Textbeispielen anrichten:

«Auch die Gelder aus Westeuropa sind rarer geworden … Gelder aus Erbschaften seien zu einem grossen Teil von Leuten gekomen, die Albert Schweitzer noch persönlich *gekannt hatten*, doch davon gibt es immer weniger … Spenden für Investitionen seien zwar relativ leicht zu finden, doch Investitionen *bringen* auch Folgekosten mit sich, und diese zu decken, dies sei wesentlich schwieriger, sagt Bersier.» (*Freiburger Nachrichten* online vom 14. Januar 2000)

Die gesamte Passage ist in indirekter Rede formuliert. Es muss also heissen: «... Gelder aus Erbschaften seien zu einem grossen Teil von Leuten gekommen, die Albert Schweitzer noch persönlich *gekannt hätten*, doch davon gibt es immer weniger... Spenden für Investitionen seien zwar relativ leicht zu finden, doch Investitionen *brächten* auch Folgekosten mit sich, und diese zu decken, dies sei wesentlich schwieriger, sagt Bersier.» Die Konjunktive II «hätten» und «brächten» ersetzen die nicht eindeutigen Konjunktive I «haben» und «bringen».

«Die Zeit der exorbitanten Abgangsentschädigungen ist in der Schweizer Wirtschaft weitgehend vorbei. Es sei eine Illusion, zu meinen, irgendjemand *würde* vergoldet, sagt Robert Jeker, kürzlich zum besten Verwaltungsrat gekürt.» (*SonntagsZeitung* vom 11. Oktober 1998)

Da die 3. Person bei allen Verben einen eindeutigen Konjunktiv I bildet, ist der Konjunktiv II falsch. Vielmehr heisst es korrekt mit Konjunktiv I: «Es sei eine Illusion, zu meinen, irgendjemand *werde* vergoldet...»

«Öfters wurden wir gefragt, weshalb denn – wenn schon ‹linksgrün› – ebendiese Kreise mit ihrem erheblichen Wählerinnen- und Wählerpotenzial die Zeitung nicht zu tragen *vermöchten*. Der Grund ist einfach: ‹Die Linke› ist eine ebenso uneinheitliche Masse wie ‹Die Bürgerlichen›.» (*Luzern heute* online vom 16. Dezember 1999)

Das Verb «vermöchten» ist dem deutschen Sprachgebrauch fremd. Vermutlich liegt eine Verwechslung mit «vermögen» vor. Setzen wir das Verb «können» ein, heisst es korrekt: «Öfters wurden wir gefragt, weshalb... ebendiese Kreise... die Zeitung nicht tragen *könnten*.» Der Konjunktiv II «könnten» ersetzt den nicht eindeutigen Konjunktiv I «können».

Regel Beim Gebrauch der Zeiten und Aussageweisen geraten selbst Schreibprofis ins Straucheln. Schenken Sie daher Zeiten und Aussageweisen Ihre volle Aufmerksamkeit.

4 Der logische Text

Information: das Recht des Lesers

Das Problem

Nummer 2.2.1 der Checkliste behandelt die Grundlagen des Informations-Managements (der Informationsaufbereitung): In einem Text sollte der jeweils behandelte Sachverhalt auf Grund der vorangehenden Informationen völlig verständlich sein. Viele Schreiber unterschlagen jedoch wichtige Informationen, die für den logischen Zusammenhalt und damit das Verständnis elementar sind. Der Leser ist somit zu Zusatzannahmen (Inferenzen) gezwungen, um diese Lücken im Textzusammenhalt zu füllen.

Den Leser vollständig informieren

Der Leser nimmt sich für die Lektüre unseres Textes kostbare Zeit. Daher soll er mit denjenigen Informationen versorgt werden, die ihm das vollständige Textverständnis ermöglichen.

Beispiele Nicht alle Schreiber respektieren das Recht des Lesers auf die nötige Information, wie die folgenden beiden Textpassagen zeigen.

«Fast alles ist klar. Wer das Geld abliefern muss – die Lastwagenunternehmen –, wie viel eingenommen wird – 1,8 Milliarden Franken pro Jahr – und wofür es ausgegeben werden soll – zwei Drittel für Neat und Bahn 2000, ein Drittel für die Kantone. So hat der Nationalrat die neue leistungsabhängige Schwerverkehrsabgabe beschlossen.

Nur: Wie der neue Milliardensegen für die Bundeskasse überhaupt einzutreiben sei, ist bisher alles andere als klar.» (*Facts* vom 30. Oktober 1997)

Der Hinweis, dass «fast alles klar» sei, trifft gewiss auf den Artikelschreiber zu, der sich mit der Materie befasst hat. Beim Leser sind solche Detailkenntnisse aber nicht vorauszusetzen. Immerhin bequemt sich dieser Autor, die wesentlichen Informationen in Einschüben nachzureichen.

«Dank grosser Anstrengungen der Stiftung ... ist es nun gelungen, eines der gewaltigsten Werke Dürrenmatts wieder aufzuführen. Claire Zachanassian ist eine Figur, die in ihrer Gerechtigkeitssuche nichts an Wirkung eingebüsst hat.» (aus unserem Feldversuch)

Der Leser wird sich – sofern nicht literarisch vorgebildet – verzweifelt fragen: «Wer ist Claire Zachanassian?» Der Schreiber hat es hier unterlassen, darauf hinzuweisen, dass es sich beim betreffenden Stück um den «Besuch der alten Dame» handelt und dessen Hauptfigur – die «alte Dame» – Claire Zachanassian heisst. Der Text verliert in den Augen des uninformierten Lesers dadurch an logischem Zusammenhalt.

Solche Unterlassungen geschehen nicht aus bösem Willen, sondern aus nachlässigem Informations-Management. Wir raten: Behalten Sie den Überblick über die Menge an Information, die es zu vermitteln gilt. Nehmen Sie nie Ihr eigenes Wissen als Grundlage, sondern versetzen Sie sich in die Lage des Lesers.

Regel Stellen Sie den logischen Textzusammenhalt sicher. Ordnen Sie alle Fakten in der richtigen Abfolge und informieren Sie den Leser vollumfänglich.

Gedankensprünge – die unsichtbaren Gegner

Das Problem

Nummer 2.2.2 der Checkliste beschreibt den Gedankensprung: Neben den sachlichen Informationen müssen dem Leser auch alle Gedanken des Schreibers zur Verfügung stehen. Doch viele Schreiber unterlassen es in der Eile des Schreibens, ihre einzelnen Gedanken und Argumente vollständig zu Papier zu bringen. Ein solcher Gedankensprung (das heisst ein oder mehrere unterschlagene Gedanken) zwingt den Leser zu Zusatzannahmen (Inferenzen). Ein Gedankensprung behindert das Textverständnis in gleichem Mass wie vorenthaltene Informationen.

Gedankensprünge erkennen

Jeder Schreiber hat den Leser lückenlos über seine Gedankengänge aufzuklären.

Diese Forderung ist leicht auszusprechen, jedoch schwer zu verwirklichen, denn Gedankensprünge sind vom Schreiber selbst meist schwer als solche zu erkennen. Selbst als Leser nehmen wir einen unvollständigen Gedankengang selten bewusst wahr. Vielmehr verspüren wir bei der Lektüre eines lückenhaften Textes ein leichtes Unbehagen, ein Stocken des Gedankenflusses.

Beispiele Die folgenden Textpassagen enthalten alle einen Gedankensprung:

«Bei einem Streit am letztjährigen Albanifest stach der Angeklagte mit einem Klappmesser auf seinen Widersacher ein. Das Opfer – *ebenfalls aus Kosovo* – musste daraufhin zwei etwa zwei Zentimeter tiefe Stichwunden an der Schulter ambulant behandeln lassen.» (*Tages-Anzeiger* vom 24. Juni 1999)

Der zweite Satz enthält im Einschub «ebenfalls aus Kosovo» einen unmerklichen Gedankensprung: Die Konjunktion «ebenfalls» deutet an, dass neben dem Opfer auch der Angeklagte aus dem Kosovo kommt – was aber im ersten Satz nirgendwo erwähnt wird. Es fehlt zwischen beiden Sätzen also der verbindende Gedanke: «Der Angeklagte kommt aus dem Kosovo.»

Der im Ausschnitt auf Seite 108 abgebildete Text stammt aus einer Broschüre, die der Jahr-2000-Delegierte des Bundesrates im November 1999 an alle Haushalte verteilen liess. Darin heisst es:

«Überlegen Sie einmal kurz, was in unserem Land alles auf elektrischen Strom angewiesen ist oder wo überall wir vom Strom abhängig sind. *Das ist natürlich auch den Kraft- und Elektrizitätswerken bewusst.*»

Logik

DER STROM, DER NICHT VERSIEGT.

Überlegen Sie einmal kurz, was in unserem Land alles auf elektrischen Strom angewiesen ist oder wo überall wir vom Strom abhängig sind. Das ist natürlich auch den Kraft- und Elektrizitätswerken bewusst. Deshalb haben sie nicht nur alle Vorkehren getroffen, um die Stromversorgung in der Schweiz sicherzustellen. Sie haben auch mit ihren Partnern im Ausland zusammengearbeitet und halten über den Jahreswechsel einen verstärkten Pikettdienst bereit. Und sie haben sich auch davon überzeugt, dass die computergesteuerten Funktionen in der Stromerzeugung und -verteilung auch manuell klappen würden.

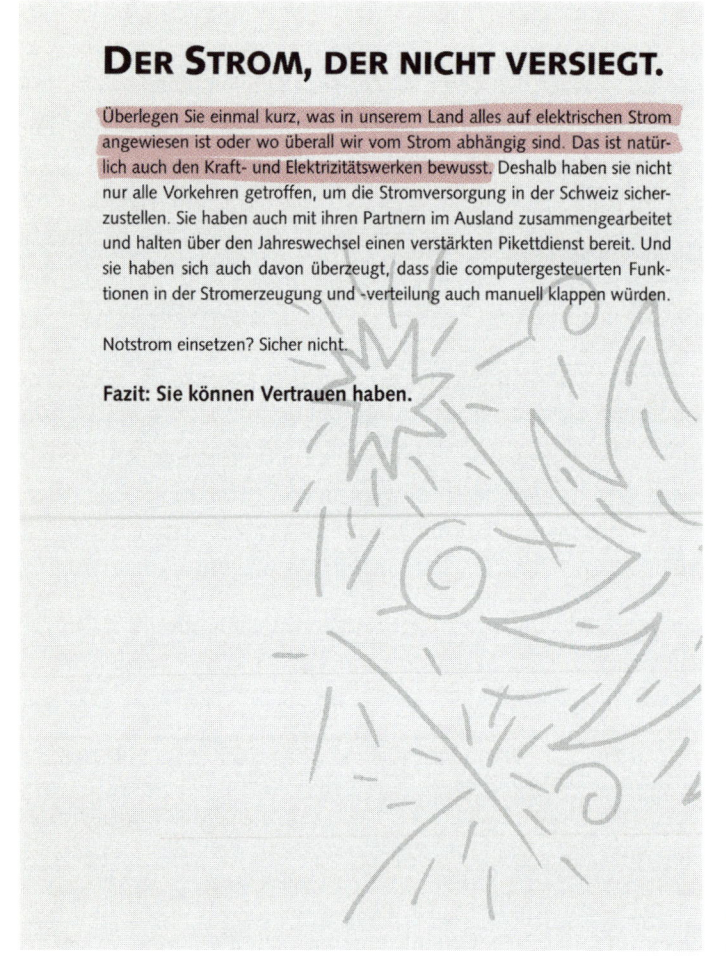

Notstrom einsetzen? Sicher nicht.

Fazit: Sie können Vertrauen haben.

«Überlegen Sie einmal kurz...» Wo liegt der Gedankensprung?

Der im zweiten Satz geäusserte Gedanke knüpft in keiner Weise an den ersten Satz an. Denn es fehlt der verbindende Gedanke: «Jedermann ist vom Strom abhängig.» An diese Feststellung schliesst sich nun der folgende Gedanke an: «Das ist natürlich auch den Kraft- und Elektrizitätswerken bewusst.»

«145 Jahre waren kein Alter, nicht für eine ehrwürdige Bank wie die Schweizerische Bankgesellschaft (SBG). Sie war seit ihrer Gründung in Winterthur die Bank der Kleinbürger, der Aufstiegsorientierten, die sich durch militärischen Eifer und Leistung nach oben dienten.

Auf Kantonal- und Regionalbanken schauten die Kader herab, sie wollten in der internationalen Liga der Finanzinstitute mitspielen.» (*Tages-Anzeiger* vom 3. Oktober 1998)

Die ersten beiden Sätze schildern die regionalen Ursprünge der SBG. Im dritten Satz wird dieselbe Bank zum Mitspieler in der Weltliga der Hochfinanz, die für ihre regionalen Mitstreiter (die Schweizer Kantonalbanken) nur ein verächtliches Lächeln übrig hat. – Ein Widerspruch, sofern nicht der verbindende Gedanke eingeschoben wird: «Im Laufe der Zeit und mit andauerndem Erfolg entfernte sich die Bank von ihren Wurzeln.»

«Geisterfahrt. Eine Frau musste sterben, weil ein Geisterfahrer auf der A1 eine Frontalkollision provoziert hatte … Laut Hans Leuenberger von der Zürcher Kantonspolizei ist in den vergangenen Jahren grundsätzlich eine Abnahme von Falschfahrern zu verzeichnen. Waren 1995 noch deren 29 auf Autobahnen im Kanton Zürich unterwegs, waren es 1998 noch neun. Die Zahlen für 1999 liegen noch nicht vor. Im genannten Zeitrahmen wurden vier Unfälle registriert, mit einem Toten und drei Verletzten. Leuenberger mutmasst, dass Meldungen wie die jüngste Lenker vermehrt darauf sensibilisieren, auf der rechten Spur zu fahren.» (*Tages-Anzeiger* vom 4. Dezember 1999)

Die Textpassage stammt aus einer Unfallmeldung. Der letzte Satz («Leuenberger mutmasst …»), der an die provisorische Unfallstatistik für 1999 anschliesst, kommt unvermittelt und steht im Textzusammenhang isoliert da. Denn es fehlt der verbindende Gedanke: «Die Zahl der Unfälle ist im Jahre 1999 also zurückgegangen.» Erst dann wird die Vermutung des Polizeisprechers verständlich: «Die rückläufige Unfallzahl ist vielleicht darauf zurückzuführen, dass Unfallmeldungen wie die abgedruckte die Autofahrer zu einer vernünftigeren Fahrweise anregen.» Übrigens enthält der Schlusssatz auch einen Fall von unterschlagener Information gemäss Seite 105. Hier fehlt der informierende Nachsatz: «Denn die Fahrt auf der rechten Autobahnspur reduziert die Gefahr von Frontalkollisionen mit Geisterfahrern.»

Wir lernen aus solchen Textpassagen dreierlei:

- Erstens fällt es für den Leser auf Anhieb schwer, Gedankensprünge bewusst als solche wahrzunehmen und klar zu benennen.
- Zweitens fehlt zur Schliessung einer gedanklichen Lücke meist nur ein einziger klärender Zwischensatz.
- Drittens sind Gedankensprünge die «heimlichen» Gegner eines jeden Schreibers. Bereits ein einziger Gedanke, der den Weg vom Kopf aufs Papier nicht findet, kann die Textlogik und Folgerichtigkeit empfindlich beeinträchtigen.

Regel Vollziehen Sie alle Denkschritte vor den Augen Ihrer Leser. Gehen Sie sicher, dass Ihr Text keine gedanklichen Lücken enthält.

5 Präzision – verlieren Sie keine unnötigen Worte

Was ist Präzision?

Wir haben bisher gelernt, unsere Texte leserfreundlich und logisch zu gestalten. Nun können wir eine dritte Anforderung an unseren Text stellen: Die Zeit, die der Leser für die Lektüre unseres Textes aufwendet, soll in einem vernünftigen Verhältnis zur Wichtigkeit der dargebrachten Informationen stehen. Oder anders formuliert: Der Leser soll in kurzer Zeit an die wichtigsten Informationen gelangen. Unser Text muss daher möglichst präzise sein. Dieses Ziel erreichen wir,

- … indem wir bei der Aufbereitung der Informationen auf die Aufzählung unnötiger Einzelheiten oder auf Abschweifungen vom Thema verzichten.
- … indem wir beim Schreiben ausholende Formulierungen, Wiederholungen, Füllwörter sowie Phrasen vermeiden.

Diese Aufforderung zu mehr Präzision dient in erster Linie der Wirksamkeit des Textes. Jeder Leser schenkt Texten, die präzise formuliert sind, gerne Aufmerksamkeit. Dagegen sind Texte, die dem Leser unnötig viel Zeit rauben und nicht zum Ziel gelangen, ein Ärgernis und verfehlen mehrheitlich ihre Wirkung.

In zweiter Linie zielt diese Aufforderung einmal mehr auf die Textverständlichkeit. Bringt der Text den Sachverhalt auf den Punkt, liest auch ein ungeduldiger Leser weiter und wird sich mit dem Textinhalt auseinander setzen.

Das Wesen der Präzision illustriert folgender Vergleich zweier Mustertexte, die jeweils den Begriff «Raub» umschreiben: (Aus der Beispielsammlung von I. Langer, F. Schulz v. Thun und R. Tausch; siehe Seite 33)

Text 1	Text 2
«Was ist Raub? – Ja, Raub, das darf man nicht machen. Raub ist ein verbotenes Verbrechen. Man darf es nicht mit Diebstahl verwechseln. Diebstahl ist zwar auch ein Verbrechen, aber Raub ist doch noch etwas anderes. Angenommen, jemand raubt etwas. Was heisst das? Das heisst: Er nimmt einem anderen etwas weg, was ihm nicht gehört, um es für sich zu behalten. Das ist natürlich nicht erlaubt. Jetzt muss aber noch etwas hinzukommen: Während der Verbrecher die Sache wegnimmt, wendet er Gewalt an gegenüber dem anderen, zum Beispiel: er wirft ihn einfach zu Boden – oder er schlägt ihn bewusstlos, dass er sich nicht mehr wehren kann. Es kann aber auch sein, dass er nur droht, dem anderen etwas anzutun. Auch dann ist es Raub, und der Mann (oder die Frau) wird wegen Raubes bestraft.»	«Was ist Raub? – Ein Verbrechen. Wer einem anderen etwas wegnimmt, was ihm selber nicht gehört, um es zu behalten, begeht Raub. Hinzukommen muss, dass er dabei Gewalt anwendet gegen den anderen oder ihn bedroht.»

Text 2 ist selbstverständlich die viel präzisere Fassung, denn sie nennt den Sachverhalt kurz und bündig beim Namen:

Text 1	Text 2
langfädiger Vorspann	direkter Einstieg ins Thema
unnötige Einschübe oder Nachsätze	keine Einschübe oder Nachsätze
unnötige Zusatzinformationen oder Zusatzgedanken	nur die nötigsten Informationen und Gedankengänge
Wortflut	der Sachverhalt wird mit möglichst wenig Wörtern ausgedrückt

Eine Übersicht zur Präzision bietet unsere nachfolgende Checkliste «Präzision».

Checkliste «Präzision»

Nr.	Was zeichnet unseren Text aus?	Was ist zu vermeiden?	Häufigkeit des Verstosses im Feldversuch (siehe Seite 36)
3. Präzision			
3.1.1	■ Aussagekräftige Begriffe	– Modalverben und überflüssige Modalpartikel – «Allerweltswörter» und Indefinita	137%
3.1.2	■ Gemässigte Wortwahl	– Ungerechtfertigte Übertreibungen (Superlative)	26,5%
3.1.3	■ Treffende Wortwahl	– Semantisch unzutreffende Begriffe	154,5%
3.2.1	■ Straffe Ausdrucksweise	– Pleonasmen – Tautologien	47%
3.2.2	■ Schlanke Informationsaufteilung	– Überlange Sätze	44%
3.3.1	■ Zielgerichtete Textgestaltung	– Unnötige Redundanz (Sachverhalte unnötig wiederholt) – Keine klare Informationshierarchie (Hauptsächliches in Nebensätzen, Unwichtiges vor Wichtigem)	37,8%

Regel Schreiben Sie knapp und präzise. Verlieren Sie keine unnötigen Worte.

Das präzise Wort

Kein Wortballast

Das Problem

Nummer 3.1.1 der Checkliste behandelt überflüssiges Wortmaterial: Viele Texte enthalten Wörter, die nur als Füllsel dienen und in der geschriebenen Sprache keine kommunikative Funktion übernehmen. Dazu gehören bedeutungsleere Modalverben, Modalpartikel und «Allerweltswörter». Durch derartigen Wortballast verringert sich die semantische Dichte des Textes; das Verständnis wird erschwert.

Modalverben und Modalpartikel

Als Schreiber sind wir für jedes Wort in unserem Satz verantwortlich. Manchmal scheuen wir jedoch die Last dieser Verantwortung und neigen dazu, unsere Aussage zu relativieren. Dazu stehen uns zweierlei Mittel zur Verfügung:

- Erstens Modalverben: Hierzu gehören die Verben *mögen, dürfen, sollen, müssen, wollen*. In Aussagen wie «*Dürfte ich Sie wohl darum bitten…*» oder «*Ich möchte aber doch meinen…*» schwächen diese Modalverben das inhaltstragende Vollverb im Infinitiv ab und relativieren die Aussage.
- Zweitens Modalpartikel: Hierzu gehören *wohl, eigentlich, eben, beinahe, geradezu, sicher(lich)*. Diese «kleinen Wörter» geben der Aussage in Sätzen wie «*Das hat sich wohl erledigt*» oder «*Das ist geradezu unverschämt*» einen zusätzlichen Unterton.

Modalverben wie Modalpartikel erfüllen im direkten Gespräch ihren Zweck. Sie signalisieren Höflichkeit, Distanz, Furcht und vieles andere mehr. Und: Modalverben wie Modalpartikel verraten viel über die Haltung, die wir gegenüber unserem Gesprächspartner einnehmen. In einen geschriebenen Text gehören sie nur in geringer Anzahl, wenn es gilt, «verborgene» Hinweise (siehe Seite 16) in kontrollierter Art an den Leser weiterzugeben. Ansonsten füllen Modalverben wie Modalpartikel unseren Satz mit unnötigem Wortballast. Unser Text verliert damit an Präzision.

Beispiele Die folgenden Textpassagen enthalten unnötige Modalverben oder -partikel, die ohne Verlust entfernt werden können.

«Mit unseren Mitgliedern steht und fällt der Verband. Es ist uns deshalb wichtig, engagierte, offene, kritische, aber auch unterstützende Mitglieder zu unserem Verband zählen zu *können*. Unser ganzes Engagement gilt unseren Mitgliedern. Sie sollen die Mitgliedschaft als echten Vorteil und Gewinn für sich persönlich betrachten *können*.» (aus dem Leitbild eines Informatiker-Verbandes)

Das markierte Modalverb «können» ist in beiden Fällen entbehrlicher Ballast: Es kommt dem Verband erstens nur darauf an, viele Mitglieder in seinen Reihen zu *zählen*. Und zweitens sollen diese Mitglieder ihre Mitgliedschaft als Gewinn *betrachten*. Von «können» im Sinne eines Vollverbs «in der Lage sein (etwas zu tun)» ist hier nie die Rede.

«Doch nun ist die Gefahr wieder da. Und aus dem Bundeshaus verlautet, wenn das Hickhack zwischen der EU und Österreich weitergehe, würde das schwerwiegende innenpolitische Konsequenzen haben, sprich: die bilateralen Verträge gefährden *können*.» (*Tages-Anzeiger* vom 2. Februar 2000)

Die innenpolitische Konsequenz lautet: «Das Hickhack zwischen der EU und Österreich gefährdet die bilateralen Verträge». Da der Begriff «Gefahr» auf die Möglichkeit des Ereignisses weist (das befürchtete Ereignis kann, muss aber nicht eintreffen), ist das Modalverb «können» hier überflüssig.

«Dieses Thema hat sich vorläufig *nun allerdings* auch erledigt. ‹Ich gehe davon aus, dass er (Lothar Matthäus) für die Länderspiele gegen die Türkei und Moldawien ausfällt›, sagte Ribbeck hinterher *ziemlich* emotionslos. Denn *auch* er muss inzwischen eingesehen haben, dass die Zeit von Matthäus *zumindest* international endgültig abgelaufen ist und dessen Ausfall für das Nationalteam gar zu einem Vorteil werden könnte. ‹Nowotny wird nun *wohl* Libero spielen›, blickte Ribbeck bereits in die Zukunft.

Zwei Wochen fällt Matthäus *sicher* aus, und in der Champions League gegen Barcelona wäre er sowieso gesperrt. Hitzfeld setzt nun *sicher* alles daran, in den nächsten Spielen für seine Abwehr eine Lösung zu finden, die auch für die weitere Zukunft gelten *könnte*. Denn die beiden 2:2 gegen Manchester und nun Dortmund haben es deutlich gezeigt: Matthäus ist längst zu einem Risikofaktor geworden. Einem bedenklichen.» (*Tages-Anzeiger* vom 5. Oktober 1998)

Die kurze Textpassage enthält mehr als ein halbes Dutzend Modalpartikel und – wie im ersten Beispiel – zusätzlich das Modalverb «können», auf die der Leser ohne Einbusse verzichten kann.

«Nicht nur, dass ein Kollaps von LTCM die ‹globalen Finanzmärkte zerrissen› hätte, wie er (Alan Greenspan) sagte. *Fast* bedrohlicher war seine Aussage, dass noch weitere solche Gefahren in den Märkten lauern.» (*Tages-Anzeiger* vom 3. Oktober 1998)

Die Modalpartikel «fast» ist unnötig. Die Aussage des amerikanischen Notenbankchefs Greenspan, wonach weitere Hedge-Fonds kollabieren könnten, ist nicht nur beinahe («fast»), sondern in Tat und Wahrheit bedrohlicher.

Wie gesagt, haben Abtönungspartikel ihren Platz in der gesprochenen Sprache. In einem geschriebenen Text sind sie nicht nur unnötig, sondern können richtigen Schaden anrichten. In der im folgenden Ausschnitt auf Seite 119 abgebildeten Pressemitteilung von SF DRS lässt Chefredaktor Filippo Leutenegger verlauten:

«Ich wünsche Ueli Haldimann mit seinen *nun wirklich* ausgewiesenen Qualifikationen viel Glück bei diesem neuen Projekt, dem ersten dieser Art auf dem Platz Zürich seit vielen Jahren.»

Die Modalpartikelkette «nun wirklich» wird mündlich in bestärkendem Sinne «tatsächlich, wirklich» verwendet. In der geschriebenen Sprache ist diese Fügung jedoch unüblich: Die Modalpartikel «nun» wird als «jetzt» gedeutet, der ganze Satz daher falsch aufgefasst: «Haldimann hat sich *jetzt endlich* die nötigen Qualifikationen angeeignet, um ein schwierigeres Projekt zu leiten. Früher besass er sie nämlich noch nicht.» Eine Deutung, die sicher nicht im Sinn des Verfassers liegt.

5 Das präzise Wort

> **Ueli Haldimann verlässt SF DRS**
>
> Newskoordinator Ueli Haldimann verlässt SF DRS per Ende 1999 und wird Chefredaktor der neuen Zürcher Pendlerzeitung 'Metro'. Der 46jährige Haldimann hatte im Mai 1998 die damals neugeschaffene Funktion des Newskoordinators übernommen. Er war schon vorher für SF DRS tätig, war ab 1990 stellvertretender Redaktionsleiter, ab 1993 bis 1994 Redaktionsleiter des Nachrichtenmagazins '10 vor 10'. Chefredaktor Filippo Leutenegger: *"Ich wünsche Ueli Haldimann mit seinen nun wirklich ausgewiesenen Qualifikationen viel Glück bei diesem neuen Projekt,* dem ersten dieser Art auf dem Platz Zürich seit vielen Jahren".

Modalpartikel mit ungewollten Folgen.

«Allerweltswörter»

Nicht immer fällt die präzise Formulierung leicht. Deshalb greifen wir gerne zu Begriffen wie *Ding, Sache, Bereich, Aspekt* usw. Diese «Allerweltswörter» vertreten den passenden, präzisen Begriff. Obschon der Satz nicht die gewünschte Präzision erreicht, leisten Allerweltswörter in solchen Fällen nützliche Dienste und haben ihre Existenzberechtigung.

Die Kehrseite der Medaille: Leider haben sich viele Schreiber so sehr an Allerweltswörter gewöhnt, dass sie diese auch verwenden, wenn gar kein Formulierungsnotstand vorliegt. Die Allerweltswörter werden zu unnötigem Wortballast, blähen den Satz auf und verringern seine Präzision.

Beispiele Die Schreiber der folgenden Textpassagen greifen zu Allerweltswörtern, obschon kein Formulierungsnotstand besteht.

«Die ‹Tages-Anzeiger›-Redaktion hätte gerne mehr Information. Und mehr Geld. Auch andere TA-Media-Redaktionen leiden noch immer unter der Sparrunde – sie befürchten Konsequenzen im *Bereich* Qualität.» (*Klartext* 6/1998)

Die Redakteure befürchten nichts anderes, als dass die Einsparungen «Konsequenzen für die Qualität» haben werden. Das Allerweltswort «Bereich» muss hier eingespart werden.

«Zur Umsetzung des Sanierungsprogramms sind diverse Gesetzesänderungen mit einem Einsparvolumen von 12,8 Milliarden im kommenden Jahr erforderlich ... Der in der Öffentlichkeit am stärksten umstrittene *Aspekt* ist dabei die Absicht, den Anstieg der Renten in den nächsten beiden Jahren auf den Inflationsausgleich zu beschränken.» (*NZZ* vom 26. August 1999)

Befreien wir den Text vom Wortballast, können wir präziser formulieren: «In der Öffentlichkeit am stärksten umstritten ist die Absicht, den Anstieg der Renten zu begrenzen.» Das Allerweltswort «Aspekt» ist hier völlig inhaltsleer und überflüssig.

Neben den klassischen Allerweltswörtern existieren auch Allerweltswörter im weiteren Sinne. Hierbei handelt es sich um pronominale Stellvertreter wie *man, es* sowie Indefinita (im Neutrum) wie *andere(s), einige(s), viele(s), verschiedene(s)* und andere mehr, die den Schreiber davon dispensieren, den Sachverhalt zu präzisieren.

Beispiele Die folgenden Textpassagen zeigen das ganze Spektrum von Allerweltswörtern.

«Bei genauerem Hinsehen ist festzustellen, dass die beabsichtigten Veränderungen in der Regel von der obersten Führung oder einer ihr unterstellten Projektgruppe im stillen Kämmerlein ausgeheckt wurden. *Man* kreiert in monatelanger Auseinandersetzung eine Vision, ein neues Leitbild, neue Strategien. Oder *man* krempelt Strukturen und Abläufe in der Hoffnung um, das Unternehmen entscheidend zu verändern. Ideen und Vorschläge werden ausgebrütet und durchdiskutiert, bis *man* sich der Sache sicher glaubt. Dann der Mühe Lohn: Das ‹*Ding*› wird von den obersten Gremien feierlich verabschiedet und in Kraft gesetzt.» (*Alpha* vom 11./12. April 1998)

Diese Textpassage dokumentiert, wie ein Miteinander von Allerweltswörtern («man», «Ding») sowie Passivformulierungen die Aussage verschleiern. Der Text wird unpräzise und leblos.

«Interessierte Prominente zeigen Verständnis und Offenheit gegenüber einer bürgernahen Polizeiarbeit in Erlenbach... Tanja Baumann, Aerobic-Fitness-Weltmeisterin, Fernsehmoderator Kurt Aeschbacher und Pfarrer Ernst Sieber sind interessiert, diese Aktion zu unterstützen, indem sie sich in Form von Interviews zu *verschiedenen Themenbereichen* wie Strassenverkehr, Schulanfang, Einbruch und Alkohol äussern werden.» (*Zürichsee-Zeitung* online vom 29. November 1998)

Die aufgeblähte Wendung «verschiedene Themenbereiche» lässt sich hier durch ein präziseres «Themen» ersetzen: «Die Prominenten äussern sich in Interviews zu Themen wie Strassenverkehr, Schulanfang usw.»

In einer Anzeigenkampagne wirbt die Schweizerische Vereinigung für Atomenergie (SVA) für ihre Sache, indem sie Besucher von Kernkraftwerken zu Wort kommen lässt. Die im nächsten Ausschnitt abgebildete Passage ist mit folgender Legende versehen:
«Da *vielerorts* die Meinung vorherrscht, der riesige Kühlturm sei ein *potentielles Gefahrenmoment*, war es für mich ein spezielles Erlebnis, während des informativen Rundganges inmitten dieses Turms zu stehen.»

> Über **1 Million** Schweizerinnen und Schweizer haben bisher die Möglichkeit genutzt, sich durch einen **Besuch in einem Kernkraftwerk** eine eigene Meinung zu bilden.
>
> Da vielerorts die Meinung vorherrscht, der riesige Kühlturm sei ein potentielles Gefahrenmoment, war es für mich ein spezielles Erlebnis, während des informativen Rundganges inmitten dieses Turms zu stehen. Kernenergie ist für mich vor allem in der Schweiz eine höchst saubere Energie und gar nicht wegzudenken.

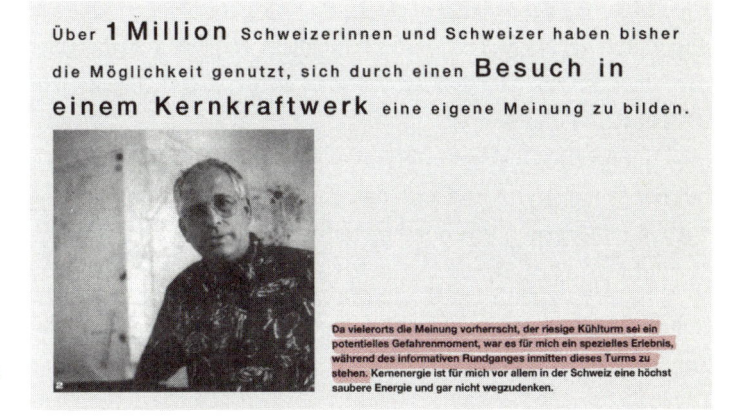

Allerweltswörter und Indefinita: für einmal bewusst eingesetzt, um die Aussage nicht allzu präzise werden zu lassen.

Das Allerweltswort «Moment» verhindert das Schlimmste – den Kühlturm als «Gefahr» bezeichnen zu müssen. Dem Satz wird durch die Wendung «potentielles Gefahrenmoment» weitere Schärfe genommen; denn ein solcher Pleonasmus (eine «Gefahr» ist stets «potentiell») ist geschwätzig und lenkt ab (siehe Seite 128). Das indefinite Adverb «vielerorts» bewahrt die Verfasser schliesslich davor, die Kernkraftgegner beim Namen zu nennen. Allerweltswörter und Indefinita scheinen hier bewusst eingesetzt, um eine präzise Aussage zu umgehen.

Regel Beseitigen Sie unnötigen Wortballast. Verzichten Sie auf Modalverben, Modalpartikel und Allerweltswörter.

Gemässigte Wortwahl – eine Tugend

Das Problem

Nummer 3.1.2 der Checkliste behandelt den Gebrauch des Superlativs. Jede Steigerungsform hebt einen bestimmten Begriff hervor. Sie hat also eine Reizwirkung, welche die Aufmerksamkeit des Lesers auf sich zieht. Eine ungezielte Abfolge solcher Reize stumpft jedoch die Aufmerksamkeit des Lesers ab und schadet damit der Verständlichkeit des Textes.

Die Steigerung des Adjektivs

Die Steigerung des Adjektivs (*gut, stark*; Komparativ: *besser, stärker*; Superlativ: *der beste, der stärkste*) ermöglicht Vergleiche. Dabei zeigt der Superlativ an, dass sein Bezugswort die betreffende Eigenschaft in höchstem Grad besitzt.

Ein präziser Text bewertet genau. Er verleiht das höchste Attribut nur sehr sparsam und geizt daher mit Superlativen. Umgekehrt wirft ein unpräziser Text mit Superlativen um sich.

Beispiel Der folgende Text einer Anzeige des Küchengeräte-Herstellers Gaggenau (1998) orientiert über Stärken und Schwächen des Superlativs.
Die Küchengeräte von Gaggenau sind Ausdruck konsequenter Haltung: dem Bemühen um die *ideale* Einheit von Form und Technik, gutem Aussehen und hohem Gebrauchsnutzen. Wer sich zu *besonderem* Geschmack bekennt, muss sie kennen. In jedem dieser Geräte steckt das Wissen, das Können und die Erfahrung der Spezialisten. Jedes dieser Geräte zeichnet sich durch *besondere* Vorzüge aus …
Die *ersten* Küchengeräte, die in Europa auf den Markt kamen, haben bereits den Namen Gaggenau getragen. Heute verkörpert diese Einbaugeräte-Kollektion den Fortschritt in der Küchentechnik. Für anspruchsvolle und wertbewusste Menschen in Europa, den USA und den Ländern des Nahen und Fernen Ostens ist die Marke Gaggenau seit Jahren *Inbegriff* der *Spitzenleistung*.

Ein attraktives Beispiel ist der Grossraumbackofen Gaggenau EB 300. Das 90 cm breite Edelstahlgerät ist der *grösste* Einbaubackofen der Gaggenau-Kollektion. *Aussergewöhnlich* wie seine Dimension und seine Formgestaltung sind seine Gebrauchsvorzüge. Sein Volumen ist 30 % grösser als das herkömmlicher Backöfen: ein *optimales* Format, denn der Backofen ist breiter als hoch …

Wir senden Ihnen das neue Gaggenau-Magazin! Kostenlos und portofrei viel Wissenswertes über eine *einzigartige* Kücheneinbaugeräte-Kollektion …»

Dieser Text zeigt zur Problematik des Superlativs zweierlei:

- Erstens ist gegen einen Superlativ nichts einzuwenden, solange er einen objektiven, nachprüfbaren Sachverhalt wiedergibt: dies ist etwa bei «die ersten Küchengeräte» oder «der grösste Einbaubackofen» der Fall.
- Zweitens existieren neben den Superlativen im eigentlichen (grammatischen) Sinn so genannte «verborgene» Superlative. Begriffe also, die auf Grund ihres Wortinhalts eine Wertung ausdrücken. In unserem Text sind dies einfache Adjektive wie «ideal», «optimal» und «besonders» sowie zusammengesetzte Adjektive und Nomina wie «aussergewöhnlich», «einzigartig», «Inbegriff» und «Spitzenleistung». Ihr gehäuftes Auftreten ist der Präzision eines Textes ebenso abträglich wie gewöhnliche Superlative.

Der Superlativ reizt zum Widerspruch

Moderne Stilistiken kritisieren den Superlativ. Der Grund: Der Superlativ wird als «schreiend» und als unfeine Übertreibung empfunden. Derartige Übertreibungen reizen jeweils zum Widerspruch und schaden der Glaubwürdigkeit eines Textes. Es kommt hinzu, dass Superlative leicht zu Sprachdummheiten verleiten (siehe Seite 78f.).

Beispiele Die folgenden Textpassagen zeigen, dass unbedachter Umgang mit dem Superlativ zu Sprachdummheiten führt und den Leser zum Widerspruch reizt.

«diAx dplanet, powered by Internet Access AG, zählt zu den *hochwertigsten* Internet-Services auf dem Schweizer Markt.» (aus einer Werbebroschüre der Telekommunikationsfirma diAx, Herbst 1999)

Eine klassische Sprachdummheit des Typs «der bestangezogenste Mann der Schweiz»: Selbst wenn zu «hochwertig» eine Steigerung existierte, würde diese nicht «hochwertigst», sondern «höchstwertig» heissen!

«‹Das ist ein *aussergewöhnlich fulminanter* Start des Jahres› kommentiert Gerd Ramsperger, Leiter Brokerage Research der Zürcher Kantonalbank. ‹Die Marktteilnehmer sind begeistert, dass die Euro-Einführung ohne Probleme erfolgt ist.›» (*Tages-Anzeiger* vom 5. Januar 1999)

Das Adjektiv «fulminant» (deutsch «glänzend, grossartig») ist für sich alleine bereits ein (versteckter) Superlativ. Daher ist der Superlativ vom Superlativ «aussergewöhnlich fulminant» eine Sprachdummheit.

«Denn die Wirtschaftsdaten versprechen ein anhaltend robustes Wirtschaftswachstum. Wer allerdings glaubt, Europa werde den USA diesmal den Rang ablaufen, könnte sich erneut getäuscht sehen. ‹Das US-Konsumentenverhalten ist einfach *unvergleichlich fantastisch*›, schwärmt Todd Abraham von Federated Investors.» (*SonntagsZeitung* vom 2. Januar 2000)

Das Adjektiv «fantastisch» ist für sich alleine bereits ein (versteckter) Superlativ. Wie im vorherigen Beispiel drückt «unvergleichlich fantastisch» einen Superlativ vom Superlativ aus – eine Sprachdummheit.

Die Firma Tamron preist ihr «Megazoomobjektiv» (selbst ein Superlativ!) im Ausschnitt auf Seite 125 mit einer Ansammlung von Superlativen an – und dies auf kleinstem Raum: «hochwertig», «ultrakompakt», «ultimativ». Ein solch undifferenzierter Umgang mit Superlativen wirkt nicht glaubwürdig, sondern hilflos und beliebig.

Regel Bleiben Sie glaubwürdig. Verwenden Sie Superlative zurückhaltend.

TAMRON
International ausgezeichneter Pionier für hochwertige, ultrakompakte Megazoomobjektive.
AF **28-200** mm/3,8-5,6 aspherical LD IF
Das **ultimative** Reisezoom
Ändern Sie für immer Ihre Sichtweise durch den Sucher einer Kamera.

Gehäufte Superlative lassen den Leser an der Glaubwürdigkeit dieser Anzeige zweifeln.

Das treffende Wort – die Sache auf den Punkt bringen

Das Problem

Nummer 3.1.3 der Checkliste behandelt die Frage des treffenden Worts: Wir haben auf Seite 89 f. bereits gezeigt, in welchem Mass die Verständlichkeit des Textes vom semantischen Zusammenhalt abhängt. Dieser semantische Zusammenhalt (und damit die semantische Dichte) ist umso grösser, je präziser jedes einzelne Wort den betreffenden Sachverhalt beschreibt.

Objektive Kriterien für die treffende Wortwahl

Die Frage, ob ein Wort den Sachverhalt trifft oder ob eine bessere Alternative existiert, ist bis zu einem gewissen Grad von subjektiven Kriterien abhängig. Das heisst vom persönlichen Stilempfinden. Dennoch lassen sich die Entscheidungsgrundlagen für die treffende Wortwahl zumindest teilweise objektivieren.

Ein treffendes Wort muss nach unserem Verständnis zwei Kriterien erfüllen:

- Es muss im allgemeinen Sinne der Verständlichkeit den Sachverhalt genau wiedergeben.
- Es darf im spezifischen Sinne einer präzisen Textgestaltung nicht unnötig Platz beanspruchen.

Das Wort beim Wort nehmen

In der Praxis fällt es oft schwer, zu erkennen, ob ein Wort diesen Anforderungen entspricht. Denn viele Wörter verfehlen den Sachverhalt nur knapp.

Hier hilft es, «das Wort beim Wort zu nehmen», indem wir

- … nachfragen, in welchem Zusammenhang wir das betreffende Wort üblicherweise verwenden (Test 1).
- … seine einzelnen Bestandteile überprüfen und nach seiner Ursprungsbedeutung fragen (Test 2).

Beispiele Wir verstehen, was in den folgenden Textpassagen gemeint ist. Doch lässt sich die Wortwahl mit Hilfe von Test 1 und Test 2 optimieren und die Aussage präzisieren.

«Bagdad müsse nun den UNO-Inspektoren ungehinderten Zugang gewähren, alle wichtigen Dokumente übergeben und die offenen Fragen der Kontrolleure *befriedigen*.» (*Neue Luzerner Zeitung* vom 16. November 1998)

Die Regierung in Bagdad soll «die Fragen der Kontrolleure befriedigen». Doch gemäss Test 1 bedeutet das Verb «befriedigen» im üblichen Gebrauch «eine Person zufriedenstellen»; gemäss Test 2 enthält «befriedigen» denn auch das Nomen «Friede». Treffender heisst es also: «Bagdad muss die Fragen der Kontrolleure *zufriedenstellend beantworten*.»

«Einen ausführlichen Raum nehmen Informationen zum Datenschutz und zum Urheberrecht ein. Damit das Ganze nicht zu theoretisch bleibt, hat Zbinden im Anhang rund 200 Beispiele gesammelt, die zeigen, was mangelndes Sicherheitsbewusstsein *einbringen* kann.» (aus einer Informatik-Fachzeitschrift)

Mangelndes Sicherheitsbewusstsein kann in der Formulierung des Schreibers Schaden «einbringen». Doch gemäss Test 1 verwenden wir «einbringen» üblicherweise in Zusammenhang mit etwas Nutzbringendem oder Gewinnbringendem. Treffender heisst es also: «Die Beispiele zeigen, was mangelndes Sicherheitsbewusstsein *anrichten* kann.»

5   Das präzise Wort

«Fribourgs Andrei Chomutow muss sich zum vierten Mal einer Knieoperation unterziehen und *droht*, erneut die gesamte Saison *auszufallen*. Vor Jahresfrist musste sich der 38-jährige Russe hinter der Kniescheibe eine Knorpelabsplitterung operativ behandeln lassen, danach konnte er keine Spiele mehr bestreiten.» (*Tages-Anzeiger* vom 25. Juni 1999)

Der russische Eishockey-Spieler Chomutow «droht auszufallen». Auch hier verfehlt der Schreiber eine präzise Aussage. Denn «drohen» bedeutet gemäss Test 2 ursprünglich «gegen eine Person eine Drohung aussprechen». Treffender heisst es also: «Chomutow *befürchtet*, die ganze Saison auszufallen», oder «dem Eishockeyclub Fribourg *droht* der Ausfall von Chomutow» (mit unpersönlichem «eine Sache droht jemandem...»).

Der *Tages-Anzeiger* vom 28. Januar 2000 betitelt einen Bericht zur Talfahrt des Euro – wie im folgenden Ausschnitt abgebildet – mit den Worten: «Der Euro *stösst* in neue Rekordtiefen *vor*.»

Der Titel ist irreführend. Gemäss Test 1 wird das Verb «vorstossen» üblicherweise in Zusammenhang mit einer absichtlich vollbrachten Leistung verwendet. Dies trifft hier aber nicht zu, und erst der Leadtext stellt den Sachverhalt klar: der Euro wird schwächer und schwächer – was beileibe keine Leistung ist.

Der Kursverlauf des Euro: leider kein «Vorstoss», sondern ein Absturz.

Regel Bemühen Sie sich um das treffende Wort. «Nehmen Sie das Wort beim Wort.»

Der präzise Satz

Doppelt genäht hält nicht besser!

Das Problem

Nummer 3.2.1 der Checkliste behandelt Pleonasmen und Tautologien: In der gesprochenen Rede greifen wir gerne zu Pleonasmen und Tautologien, um unsere Aussage zu bestärken. In der geschriebenen Sprache sind derartige Wiederholungen jedoch überflüssig. Sie sind – wie Modalverben, Modalpartikel und Allerweltswörter – Ballast, der ein rasches Satzverständnis erschwert.

Pleonasmus und Tautologie

Um unseren Ausführungen Nachdruck zu verleihen, drücken wir denselben Sachverhalt im Satz gerne doppelt mit zwei unterschiedlichen, aber sinngleichen Begriffen aus. Wir sprechen in diesem Fall von

- … «Pleonasmus» als Kombination von zwei sinngleichen Begriffen unterschiedlicher Wortart: beispielsweise «die *tote Leiche*» (Adjektiv plus Nomen).
- … «Tautologie» als Kombination von zwei sinngleichen Begriffen derselben Wortart: beispielsweise «(komm) schnell geschwind» (Adverb plus Adverb), «*erlauben* Sie, dass ich mich setzen *darf*» (Verb plus Verb).

Solche Wiederholungen verringern die Präzision unseres Satzes, denn sie vermitteln keine zusätzliche Information. Vielmehr «sagen sie mehr (als nötig)» (dies die Bedeutung von griechisch *pleonasmos*) oder «besagen dasselbe» (dies die Bedeutung von griechisch *tautologia*).

Beispiele Die folgenden beiden Textpassagen illustrieren das Wesen des Pleonasmus beziehungsweise der Tautologie:

«Angesichts der Entwicklung auf den internationalen Finanzmärkten wird die UBS im Rahmen der definierten Strategien in Zukunft noch *stärker* als bisher auf jene Geschäftsbereiche *fokussieren*, die Aussicht auf nachhaltige Erträge bei vertretbaren Risiken ermöglichen.» (aus einer Pressemitteilung der UBS vom 2. Oktober 1998)

Das Verb «fokussieren» bedeutet «etwas ins Zentrum der Brennlinse rücken» beziehungsweise in übertragenem Sinne «all seine Anstrengungen auf etwas ausrichten» – was ein «stärkeres» Engagement bereits beinhaltet. Da derselbe Sachverhalt durch zwei sinngleiche Begriffe unterschiedlicher Wortart (Adverb «stärker» plus Verb «fokussieren») ausgedrückt wird, ist diese Passage pleonastisch.

«Ihre Erfahrung und Ihr Gespür sowie Ihre Freude an der Technik helfen Ihnen bei der Erkennung *von potentiellen Geschäftsmöglichkeiten.*» (aus einem Stelleninserat des Kadermarktes *Alpha*, Sommer 1999).

Eine «Möglichkeit» ist naturgemäss «potentiell» (und nicht reell). Da derselbe Sachverhalt durch zwei sinngleiche Begriffe unterschiedlicher Wortart (Adjektiv «potentiell» plus Nomen «Geschäftsmöglichkeit») ausgedrückt wird, ist diese Passage pleonastisch.

«Blatter *redet* mit Johansson und ist *bereit zum Dialog*» (Überschrift in der *FAZ* vom 13. Januar 1999)

Wer mit seinem Gegenüber «redet», hat sich zwangsläufig zum Dialog bereit erklärt. Da derselbe Sachverhalt durch zwei sinngleiche Begriffe derselben Wortart (Verb «reden» plus Verb «bereit sein») ausgedrückt wird, ist diese Schlagzeile tautologisch.

«Nach wie vor hat die Gruppe Rondo Veneziano grossen Erfolg. Ihr Erfinder Gian Piero Reverberi betont das Echte und Genuine seiner Musik.» (*Tages-Anzeiger* vom 8. August 1999)

Die deutsche Entsprechung des Fremdworts «genuin» lautet «echt». Da derselbe Sachverhalt durch zwei sinngleiche Begriffe derselben Wortart (Nomen «das Genuine» plus Nomen «das Echte») ausgedrückt wird, ist diese Aussage tautologisch.

Das geschwätzige Adjektiv

Besonders Adjektive (beziehungsweise als Adverbien verwendete Adjektive) unterstützen unsere Neigung zu geschwätzigen Wiederholungen und damit zu pleonastischer Ausdrucksweise. Dabei lässt sich die Existenzberechtigung eines Adjektivs im Text durch den «Oppositionstest» erkennen: Wir setzen in den jeweiligen Satz ein Adjektiv entgegengesetzter Bedeutung ein und prüfen, ob der Ausdruck weiterhin möglich ist.

Beispiele Die folgenden Passagen sind pleonastisch, da sie mindestens ein Adjektiv zuviel enthalten.

«Die Baslerin (Patty Schnyder) hat noch nicht gemerkt, dass es dem Deutschen nicht um sie, sondern um sich selbst, will heissen, um die Propagierung seines sehr umstrittenen Zellensystems geht. Dabei ist ihm die Öffentlichkeit, die ihm ein *bekannter Tennis-Star* bietet, gerade recht.» (*Südostschweiz* vom 19. Februar 1999)

Das Adjektiv «bekannt» können wir uns sparen, denn ein Star ist zwangsläufig bekannt. – Der Oppositionstest ergibt die wenig sinnvolle Wendung «ein unbekannter Tennis-Star» und entlarvt so den Pleonasmus.

«Sie sind eine *tragende Stütze* im Assistentinnen-Team, das mit Ihnen zusammen gerne ‹Berge versetzen› möchte.» (aus einem Stelleninserat des Kadermarktes *Alpha*, Sommer 1999)

Das Adjektiv (Partizip) «tragend» ist überflüssig, denn die Tätigkeit des Tragens liegt in der Natur einer Stütze. – Der Oppositionstest ergibt die wenig sinnvolle Wendung «eine nichttragende Stütze» und entlarvt so den Pleonasmus.

Im folgenden Ausschnitt wirbt die UBS für ein Vorsorgekonto mit dem Slogan:

«Jederzeit im Bild: die *transparente Übersicht.*»

Eine Übersicht ist naturgemäss übersichtlich – und damit durchsichtig beziehungsweise transparent. Hier bietet sich die Alternative an: «Jederzeit im Bild: dank der Kontoübersicht.»

5   Der präzise Satz

> **Bequem vorsorgen und erst noch Steuern sparen.**
>
> Mit UBS Fiscainvest können Sie nicht nur vorsorgen!
>
> **Jederzeit im Bild: die transparente Übersicht.**
>
> – Erwerbstätige mit BVG können jährlich ihre Fiscainvest Einlage bis 5789 CHF vom steuerbaren Einkommen abziehen, Erwerbstätige ohne BVG maximal 20% des Erwerbseinkommens bzw. höchstens 28 944 CHF.
> – Das Vorsorgeguthaben unterliegt nicht der Vermögenssteuer.
> – Die Zins- und Kapitalerträge unterliegen keiner Verrechnungssteuer, sind also bis zur Auszahlung steuerfrei.
> – Wenn Sie sich Ihr Fiscainvest Kapital auszahlen lassen (frühestens 5 Jahre vor der Pensionierung), profitieren Sie von einem reduzierten Steuersatz.
>
> Jährlich erhalten Sie einen Kontoauszug und eine Steuerbescheinigung.

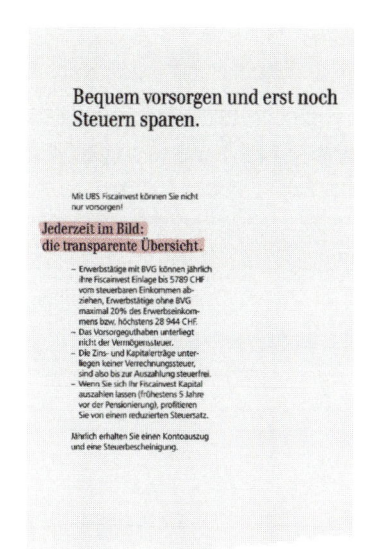

‹Die transparente Übersicht› – ein durchsichtiger Pleonasmus.

Der im folgenden Ausschnitt abgebildete Geschäftsbrief enthält gleich eine Vielzahl von pleonastischen und tautologischen Wendungen:

> **Firmenbroschüre**
>
> Sehr geehrter Herr
>
> Herzlichen Dank, dass Sie mir einen Moment Ihrer **kostbaren Zeit** schenken. Ich will ihn nutzen, um Ihnen unser **junges Unternehmen** und seine Dienstleistungen kurz vorzustellen. In der Beilage sende ich Ihnen unsere Firmenbroschüre, die Ihnen hoffentlich über unsere Tätigkeiten Aufschluss gibt.
>
> Zusammen mit einem **hochmotivierten Team**, darunter **ausgewiesene und langjährige Spezialisten** im Bereich der Telekommunikation und Netzwerktechnologie, haben wir ein **neues Unternehmen** gegründet. Als erfahrene Spezialisten sind wir in der Lage, Ihnen professionelle Gesamtlösungen **auf dem modernsten Stand der Technik** zu garantieren. Oder ganz einfach **bedarfsgerechte und individuelle Telekommunikations- und EDV-Netzwerklösungen**, die unsere Kunden weiter bringen. Lösungen, die nicht am Ziel vorbeischiessen. Von der Beratung bis zur Installation. Von der Wartung bis zur Schulung.
>
> Ich hoffe, Sie mit meinen Informationen und Unterlagen neugierig gemacht zu haben und stehe Ihnen gerne für Fragen zur Verfügung.
>
> Mit freundlichen Grüssen
>
> *[Unterschrift]*
>
> Verkauf und Marketing
>
> PS: Natürlich freue ich mich, wenn Sie uns als Newcomer (und als langjährigen Spezialisten) schon bald auf die Probe stellen.

Adjektive lassen sich meist einsparen.

Präzision

«Zusammen mit einem hochmotivierten Team, darunter *ausgewiesene* und langjährige *Spezialisten* im Bereich der Telekommunikation und Netzwerktechnologie ...» – Pleonasmus, da Spezialisten naturgemäss ausgewiesen sind. Der Satz enthält mit «Bereich» zudem ein Allerweltswort (siehe Seite 119 ff.).

«... haben wir ein *neues* Unternehmen *gegründet*.» – Pleonasmus, da ein eben gegründetes Unternehmen zwangsläufig «neu» ist.

«Als *erfahrene Spezialisten* sind wir in der Lage ...» – Pleonasmus, da Spezialisten naturgemäss Erfahrung haben.

«... Ihnen professionelle Gesamtlösungen auf dem *modernsten Stand der Technik* zu garantieren.» – Pleonasmus, da der Stand der Technik stets modern ist.

«Oder ganz einfach *bedarfsgerechte und individuelle Telekommunikations- und EDV-Netzwerklösungen* ...» – Tautologie, da bedarfsgerechte Lösungen selbstverständlich den individuellen Bedarf des Kunden abdecken.

Ein solches Schreiben ist nicht präzise, sondern geschwätzig.

Regel Überprüfen Sie Ihren Text auf Pleonasmen und Tautologien. Führen Sie im Zweifelsfall den Oppositionstest durch.

Information in verdaulichen Portionen

Das Problem

Nummer 3.2.2 der Checkliste behandelt die Frage der Satzlänge. Viele Schreiber packen zu viel Information in einen einzigen Satz – selbst wenn sie gemäss Seite 71 f. auf leserfeindliche Schachtelsätze verzichten. Diese Schreiber verstossen erstens gegen die Faustregel, dass einem Hauptsatz nur ein Nebensatz folgen sollte. Zweitens lassen sie ausser Acht, dass ein überschaubarer Satz die Obergrenze von 20 bis 25 Wörtern nicht überschreiten sollte. Denn selbst ein geübter Leser vermag nicht mehr als 150 Buchstaben in seinem Kurzzeitgedächtnis zu speichern. Überlange Sätze sind daher schwerer verständlich.

Wieviel Information gehört in einen Satz?

Wir haben auf Seite 62 bis 66 gelernt, unseren Satz leserfreundlich zu gestalten und dehalb leserfeindliche Nominalgruppen, Klemmkonstruktionen oder Schachtelsätze zu meiden. Doch auch ein leserfreundlicher Satz hat seine Tücken: Je inhaltsreicher der einzelne Satz ist, desto weniger kann sich der Leser auf die einzelnen Informationen konzentrieren. Der Satz verliert somit an Präzision.

Daher gilt es, das richtige Mass zu finden: Wie viel Information können wir in unseren Satz packen, ohne dass dieser an Präzision verliert? Hierzu haben sich zwei Faustregeln bewährt:

- Erste Faustregel: Ein gewöhnlicher deutscher Satz besteht aus einem Haupt- und einem angefügten Nebensatz. Vermeiden Sie daher Sätze, die durch zwei oder mehr Nebensätze abgeschlossen werden.
- Zweite Faustregel: Ein Satz mit mehr als 25 Wörtern gilt als schwer verständlich. Vermeiden Sie daher Sätze, die diese Obergrenze überschreiten.

Selbstverständlich ist dies kein Plädoyer für kurze Hauptsätze. Wie wir auf Seite 32 gesehen haben, macht erst die richtige Mischung von längeren und kürzeren Sätzen einen Text farbig und lebendig.

Beispiele Die folgenden Sätze verstossen gegen die beiden oben genannten Faustregeln und sind überlang.

«Obwohl es in der Umgebung Fischers heisst, die Verabredung zwischen ihm und der SPD-Führung bestehe unverändert fort, lässt die Heftigkeit von Fischers Reaktion vermuten, dass er ernsthaft befürchtet, die SPD könne die Grünen beim Zuschnitt des Auswärtigen Amts benachteiligen wollen.» (*FAZ* vom 9. Oktober 1998)

Dem Hauptsatz «... lässt die Heftigkeit von Fischers Reaktion vermuten ...» gehen zwei Nebensätze voran; es folgen zwei weitere Nebensätze – ein klarer Verstoss gegen die erste Faustregel. Die in diesem Satz enthaltene Information kann mühelos auf drei Sätze verteilt werden. «In der Umgebung Fischers heisst es, die Verabredung... bestehe fort. Doch seine heftige Reaktion lässt das Gegenteil vermuten: Fischer fürchtet, die SPD wolle die Grünen benachteiligen.» Nota bene: Diese Formulierung beseitigt gleichzeitig den Pleonasmus «unverändert fortbestehen» sowie das Modalverb «... könne ... benachteiligen wollen».

Der folgende Textausschnitt stammt aus einer Werbebroschüre der Telekommunikationsfirma diAx (Herbst 1999). Bereits der Einstieg ist mit 25 Wörtern überlang:

«Auf diAx sind wir aufmerksam geworden, weil wir erstens beträchtliche monatliche Telefonrechnungen haben und zweitens unsere Gäste offenbar aus Kostengründen weniger über ihren Zimmeranschluss telefonierten.»

Dabei liessen sich die einzelnen Gedanken präzise gliedern: «Wir sind aus zwei Gründen auf diAx aufmerksam geworden: Erstens haben wir hohe Telefonrechnungen. Zweitens telefonieren unsere Gäste immer weniger über den Zimmeranschluss.»

Der Folgesatz ist ein regelrechtes Ungetüm und ein klarer Verstoss gegen die zweite Faustregel:

«Seit sämtliche Ferngespräche, die von unserem Vier-Sterne-Hotel aus geführt werden, über diAx laufen, profitieren auch unsere Gäste von den tariflichen Vergünstigungen – und wir haben einen markanten Zuwachs der Gespräche zu verzeichnen, die von unseren Gästen über den ISDN-Anschluss geführt werden, den wir in jedem der 79 Zimmer mit eigener Telefonnummer zur Verfügung stellen.»

Bei einem Satz mit 53 Wörtern hilft auch ein Gedankenstrich wenig – zumal sich an die zweite Hauptsatzhälfte «und wir haben ...» gegen die erste Faustregel nochmals zwei Nebensätze anschliessen.

Der gesprächige Hoteldirektor: Sätze ohne Ende.

5   Der präzise Satz

«Am 5. Juni dieses Jahres hatten die Ammänner von Oftringen und Zofingen und Projektleiter Erich Schnyder, Aarburg, sowie der Regionalverband Wiggertal zu einer Tagung auf der Festung Aarburg geladen, an welcher (zum grössten Teil bestandene Mannen und Frauen) rund 50 Politiker, Wirtschaftsführer und Verwaltungsbeamte sowie Meinungsbildner aus der Region, unterstützt von einem gut vorbereiteten interdisziplinären Begleit-Team der ETH Zürich, forderten, die politischen Strukturen in unserer Region müssten verändert werden.» (*Zofinger Tagblatt* online vom 29. November 1998)

Der Satz umfasst beträchtliche 69 Wörter und tritt die zweite Faustregel mit Füssen. An den Hauptsatz «Am 5. Juni hatten die Ammänner … zu einer Tagung geladen» schliessen sich ausserdem zwei Nebensätze an: «…, an welcher rund 50 Politiker … forderten, …» sowie «… die politischen Strukturen müssten verändert werden». Damit wird die erste Faustregel missachtet. Verschlimmert wird die ganze Satzkonstruktion durch die Satzklammer im ersten Nebensatz: «…, an welcher rund 50 Politiker …, unterstützt von einem … Begleitteam …, forderten, …» – eine Satzklammer, die klar gegen die Gebote der Leserfreundlichkeit verstösst (siehe Seite 62 f.).

Im folgenden Textausschnitt führt die Firma Epson (Prospekt 1999) ihren Multimedia-Projektor mit folgendem Satz ein:
«Ganz egal, ob Sie nun Computer- oder Video-Daten präsentieren, der EMP-9000 stellt mit seinen gleissenden 1700 ANSI Lumen sicher, dass Sie auch in taghell beleuchteten Räumen eine brillante Perfor-

Der Einleitungssatz mit 53 Wörtern kommt nicht auf den Punkt.

mance hinlegen, und dies auch vor grossem Publikum, denn mit seiner Bilddiagonale von bis zu 7,6 m werden selbst Klassengrössen von über 1000 Personen möglich.»

Dieser Einleitungssatz besteht aus 53 Wörtern – der Leser wird in der auf ihn einstürzenden Informationsmasse ersticken. Dabei liesse sich die Information mühelos auf drei Sätze verteilen: «Ganz egal, ob Sie Computer- oder Video-Daten präsentieren: der EMP-9000 ist das richtige Gerät. Selbst in taghell beleuchteten Räumen besticht der EMP-9000 mit einem brillanten Auftritt. Mit seiner Bilddiagonale von bis zu 7,6 m überzeugt er auch vor grossem Publikum von über 1000 Personen.»

Regel Achten Sie auf die Länge Ihrer Sätze und verteilen Sie die Information auf verdauliche Portionen. Denken Sie daran: «Weniger ist manchmal mehr.»

Der präzise Text

Ein Text ohne Umwege

Das Problem

Nummer 3.3.1 der Checkliste behandelt die Frage der präzisen Textgestaltung: Der Leser soll sein Augenmerk ungestört auf diejenigen Sachverhalte richten, die für den Textzusammenhalt entscheidend sind. Daher darf der Leser nicht allzusehr durch nebensächliche Informationen oder unnötige Redundanzen aufgehalten werden. Es ist Aufgabe des Schreibers, die textrelevanten Sachverhalte ihrer Bedeutung und logischen Abfolge nach zu bewerten und verständlich zu präsentieren.

Textökonomie

Ein präziser Text muss den Leser ohne Umwege ans Ziel führen. Viele Schreiber scheitern gerade an diesem Anspruch: Ihr Text ist unpräzise, ausschweifend und führt an kein Ende. Unsere Analyse zeigt für diesen Missstand drei Symptome auf:

- Erstens: unnötige Redundanz (unnötige Wiederholungen einzelner Sachverhalte).
- Zweitens: nebensächliche Einschübe oder Nachsätze, die den Leser vom eigentlichen Kern der Aussage ablenken.
- Drittens: entscheidende Informationen in Nebensätzen, die vom Leser nur mit verminderter Aufmerksamkeit wahrgenommen werden.

Diese drei Symptome haben eine identische Ursache: Der Schreiber verpasst es, die ihm bekannten Sachverhalte zu bewerten und hierarchisch nach ihrer Wichtigkeit für den Textzusammenhang zu gliedern.

Unnötige Redundanz

Redundanz (eigentlich «Fülle, Überfluss») ist der Präzision eines Textes zuträglich, sofern die wiederholten Informationen für das Textverständnis zentrale Bedeutung haben. Denn zielgerichtete Wiederholungen rufen dem Leser im Verlaufe des Leseprozesses wichtige Sachverhalte ins Gedächtnis zurück. Derartige Redundanz bewahrt den Leser davor, ganze Textpassagen nach nicht mehr präsenten Informationen abzusuchen. Umgekehrt verringert Redundanz die Präzision unseres Textes, wenn

- ... die wiederholten Informationen für das Textverständnis keine zentrale Bedeutung haben.
- ... die betreffenden Informationen nicht neu aufbereitet, sondern nochmals im selben Wortlaut oder mit Synonymen präsentiert werden.

Solch unnötige Redundanz lässt den Text weitschweifig erscheinen und verfehlt ihren Zweck.

Beispiele Die folgenden Textpassagen enthalten mehr oder weniger gravierende Fälle von unnötiger Redundanz.

«Aloe vera, eine Wüstenpflanze *welche die Feuchtigkeit über Jahre hinweg speichern kann*, enthält ein Gel, das es ihr erlaubt, *die Feuchtigkeit im Innern der Pflanze lange zu speichern.*» (Apotheker-Zeitschrift *Optima*, September 1998)

Die Information, dass die Pflanze Aloe vera Feuchtigkeit über Jahre hinweg speichern kann, wird noch im selben Satz und beinahe wörtlich wiederholt. Diese ziellose Redundanz führt übrigens dazu, dass der Schreiber – neben einem verschachtelten Relativsatz – zwei weitere Nebensätze an den Hauptsatz hängt – ein klarer Verstoss gegen die auf Seite 133 genannte erste Faustregel.

«CRM, One-to-one, Relationship Marketing oder Zielkundenmanagement sind aktuelle Begriffe, die eine völlige Neuorientierung in Marketing, Verkauf, Strategie und der Informationstechnologie auslösen. Erfolgreich und systematisch implementiert wird *es* derzeit in vielen Finanz-, Kommunikations- und Transportdienstleistungsunternehmen. Aber auch in der produzierenden Industrie wird *dieser* Ansatz *in der Zukunft* das gesamte Unternehmen, das kundenorientiert erfolgreich sein möchte, *in den nächsten Jahren* zentral umwälzen.» (aus einer Seminarankündigung des «Zentrums für Unternehmensführung ZfU», Herbst 1999)

Der Hinweis, dass Zielkundenmanagement «in der Zukunft» ganze Unternehmen umwälzen wird, ist noch im selben Satz durch «in den nächsten Jahren» wiederholt. Die Redundanz ist ziellos und unnötig. Ausserdem leidet die Logik dieser Textpassage erheblich darunter, dass im zweiten und dritten Satz die Pronomen «es» sowie «dieser (Ansatz)» ins Leere verweisen (siehe Seite 92f.).

Der folgende Ausschnitt stammt aus der Ausschreibung des Schweizer Direktmarketing-Preises 2000:

«Am 24. März 2000 zeichnet der SDV die besten Direktmarketing-Arbeiten des Jahres 1999 aus. Auch Ihre erfolgreichen Arbeiten haben eine Chance, gross herauszukommen und *einen der begehrten Awards* in Gold, Silber oder Bronze zu gewinnen.

Die erste Ausschreibung hat es gezeigt: *Diese Awards sind heiss begehrt.*»

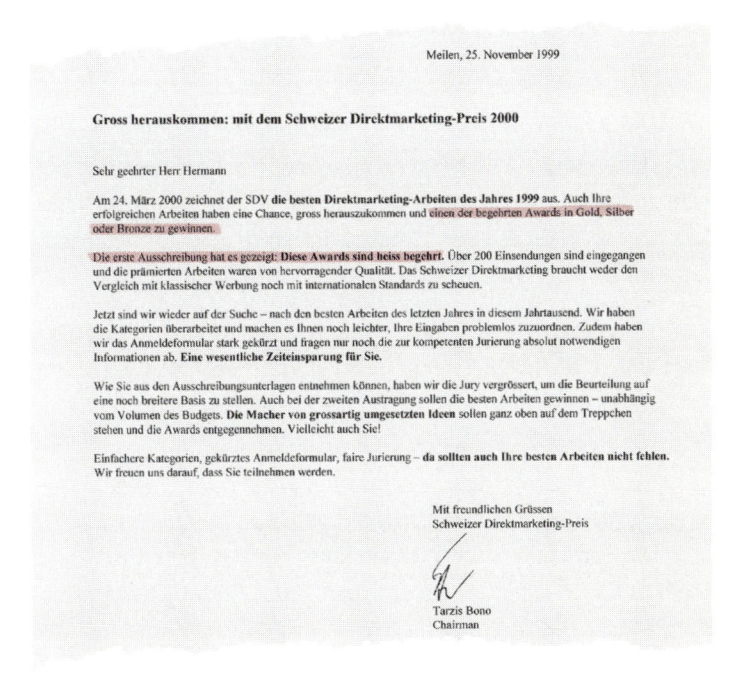

Redundanz ohne Ziel.

Als Preis für die beste Direktmarketing-Arbeit winkt einer der «begehrten Awards». Der folgende Satz enthält keine neue Information, sondern bemerkt ziellos redundant: «Die Awards sind heiss begehrt.»

Keine überflüssigen Einschübe und Nachsätze

Viele Schreiber spicken ihre Texte mit allen verfügbaren Informationen. Die Folge: Der Text wird ausschweifend und unpräzise, der Leser verliert vor lauter Einschüben und Nachsätzen den Blick für das Wesentliche.

Hier ist eine klare «Informationshierarchie» gefragt: Die wesentlichen Informationen gehören in den Text (und sind gegebenenfalls in anderem Wortlaut zu wiederholen), die unwesentlichen Informationen scheiden aus.

Beispiele   Die folgenden Textpassagen enthalten jeweils einen überflüssigen Einschub.

«Es ist aber anzunehmen, dass Phonak ihr Versprechen einlösen und noch *vor dem Jahr 2000 – also 1999* – mit einem volldigitalen Gerät an den Markt gelangen wird.» (*Finanz und Wirtschaft* vom 3. Oktober 1998)

Die in Gedankenstrichen eingeschobene Information «also 1999» ist unnötig. Da der Text im Oktober des Jahres 1998 erscheint, geht aus dem Hinweis «noch vor dem Jahr 2000» unmissverständlich hervor, dass das neue Hörgerät im Jahre 1999 auf den Markt kommt.

«Die Vorzeichen scheinen in diesem Jahr in dem seit den Todesfällen an der Snowboardveranstaltung neu geordneten Bergisel-Stadion, *wo Alkoholausschank verboten ist*, für die Österreicher zu stehen. Andreas Widhölzl, gestern Sonntag an der Qualifikation als 13. nicht aus sich herausgegangen, befindet sich in ausgezeichneter Verfassung.» (*Tages-Anzeiger* vom 3. Januar 2000)

Der Einschub «... wo Alkoholausschank verboten ist ...» ist hier des Guten zuviel. Denn er bringt keine wesentliche Information, sondern dient einzig dazu, das vorangehende Adjektiv «neu geordnet» zu erläutern: Nach den tragischen Vorfällen an der Snowboard-Veranstaltung wurde der Ausschank von Alkohol verboten und die Stadionordnung dementsprechend geändert. Im Zusammenhang einer Textpassage, in der es um die sportliche Form des Wettkampf-Favoriten geht, ist dieser Sachverhalt jedoch nebensächlich und lenkt ab.

Wichtigeres steht vor Unwichtigerem

Ein präziser Text zeichnet sich schliesslich dadurch aus, dass die für den Textzusammenhang entscheidenden Informationen an prominenter Stelle genannt sind. Zugunsten einer klaren Informationshierarchie heisst die Regel: Das Wichtigere steht vor dem Unwichtigeren, Hauptsächliches gehört in Hauptsätze!

Beispiele Die folgenden beiden Textpassagen lassen eine klare Informationshierarchie vermissen.

Im Schlusssatz der folgenden Textpassage aus der *Neuen Zürcher Zeitung* vom 7./8. August 1999 steigt die Bedeutung der einzelnen Informationen von hinten nach vorne.

«In der Geiselnahme von mehreren Dutzend Uno-Militärbeobachtern, Journalisten und Mitarbeitern von Hilfswerken durch sierraleonische Rebellen hat sich auch am Freitag noch kein Ende abgezeichnet. Immerhin schien das Leben der Geiseln nicht unmittelbar bedroht. Die Aktion von Soldaten der früheren Regierungsarmee Sierra Leones zeigt Schwachstellen im Friedensabkommen von Lomé auf, *welches diese Rebellengruppe vernachlässigt*.»

Der entscheidende Sachverhalt lautet hier: Das Friedensabkommen vernachlässigt die Rebellengruppe. Die Geiselnahme von mehreren Dutzend Menschen ist die Reaktion auf die Schwächen dieses Friedensabkommens. Eine klare Informationshierarchie verlangt also folgenden Wortlaut: «In der Geiselnahme durch sierraleonische Rebellen zeichnet sich kein Ende ab. Immerhin scheint das Leben der Geiseln nicht unmittelbar bedroht. Indes: Das Friedensabkommen von Lomé nimmt zu wenig Rücksicht auf die Rebellen, die ihrerseits mit der Entführung auf diese Benachteiligung aufmerksam machen.»

Der im folgenden Ausschnitt abgebildete Satz aus dem *Tages-Anzeiger* vom 12. Februar 2000 erwähnt alle erdenklichen Fakten, bevor schliesslich das Wesentliche zur Sprache kommt:

«Die Recherchen des TA bei Beteiligten und bei Leuten, die den Beteiligten nahe stehen, legten dann den Kern der Vorwürfe frei … Der Stadtammann, ein 54-jähriger Jurist, der seit 1988 das Stadtammann- und Betreibungsamt Zürich 3 leitet und rund 20 Mitarbeiter hat, einst Mitglied der SP war und der 1994, als er als Einziger im Wahlkampf von einem wilden Kandidaten herausgefordert wurde, aus der Partei austrat, der bekennender Buddhist ist und eine Zeit lang nebenbei als Reiseleiter tätig war, *wird beschuldigt, an jenem Septemberabend eine Sex-Orgie veranstaltet zu haben*, in deren Verlauf an Boden und Wänden des Kafistüblis nachweislich Schäden entstanden sind in der Höhe von mehreren Tausend Franken.»

Der Leser muss im zweiten Satz einen Schwall von 53 Wörtern mit allerlei Nebensächlichem über sich ergehen lassen, bis die Rede auf den angekündigten «Kern der Vorwürfe» kommt: den Inhalt der Beschuldigung beziehungsweise die so genannte «Sex-Orgie». Der ganze zweite Satz umfasst übrigens 87 Wörter, was alle auf den Seiten 133 bis 136 zitierten Beispiele in den Schatten stellt.

Keine Informationshierarchie – erst nach 53 Wörtern kommt der Satz auf den wichtigsten Punkt (sprich: die vermeintliche «Orgie») zu sprechen.

Regel Gehen Sie mit Ihren Informationen präzise um. Trennen Sie Wesentliches von Nebensächlichem. Nennen Sie Wichtiges vor Unwichtigem.

6 Anreiz – wecken Sie das Interesse des Lesers

Was ist Anreiz?

Die theoretische Sicht von Anreiz

Wir alle wissen aus eigener Leseerfahrung: Ein guter Text zeichnet sich nicht nur durch reine Verständlichkeit aus, sondern bereitet auch Freude und regt zum Weiterdenken an.

Doch wie lässt sich der Anreiz eines solchen Textes definieren? Aus psychologischer Warte lässt sich sagen, dass Anreiz der Gegenspieler von Verständlichkeit ist. Oder anders formuliert: Verständlichkeit und Anreiz bilden ein Gegensatzpaar:

- Ein Text ist dann *verständlich*, wenn er sich an der Sprachkompetenz und am Vorwissen seines Lesers ausrichtet. Wir sprechen hierbei von «Assimilation», da sich der Text an die Voraussetzungen des Lesers angleicht beziehungsweise «assimiliert».
- Ein Text ist dann *anregend*, wenn er den Leser zu einer gedanklichen Eigenleistung zwingt. Wir sprechen hierbei von «Akkomodation», da sich der Leser an die Anforderungen des Textes anzupassen beziehungsweise zu «akkomodieren» hat.

Die folgende Abbildung zeigt das Wechselspiel von Assimilation des Textes und Akkomodation des Lesers.

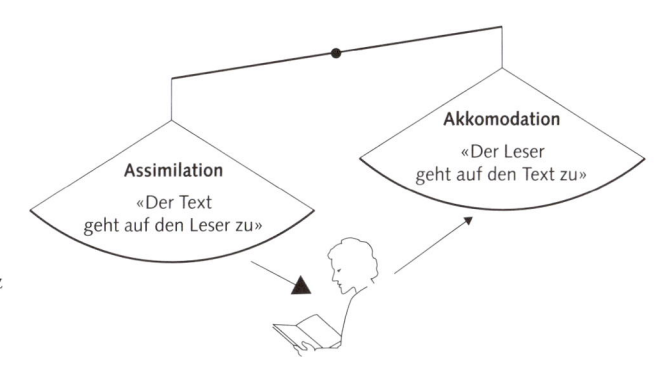

Verständlichkeit muss gegenüber Anreiz ein Übergewicht besitzen.

Assimilation
«Der Text geht auf den Leser zu»

Akkomodation
«Der Leser geht auf den Text zu»

Obschon Anreiz aus dieser psychologischen Warte der Gegenspieler von Verständlichkeit ist, sind wir gut beraten, Anreiz als letzte Anforderung hinter Leserfreundlichkeit, Logik und Präzision in unser Trainingsprogramm zu nehmen. Denn wissenschaftliche Studien zeigen, dass die «Behaltensleistung» des Lesers (die Fähigkeit, den Inhalt eines Textes im Kopf zu behalten) bei mittlerer Textverständlichkeit am höchsten ist. Umgekehrt ist sie bei niedriger wie auch bei hoher Verständlichkeit vergleichsweise gering.

Da Behaltensleistung mit Textwirkung gleichzusetzen ist, lässt sich folgende Regel formulieren: Ein wirksamer Text muss dem Leser stets ein gewisses Mass an Akkomodation beziehungsweise an geistiger Eigenleistung abverlangen.

Der konzeptuelle Konflikt

Welches sind die praktischen Massnahmen, die dem Leser ein gewisses Mass an geistiger Eigenleistung respektive Akkomodation abverlangen und unseren Texten damit mehr Anreiz und Wirkung verleihen?

Fachleute raten dazu, den Leser in einen «konzeptuellen Konflikt» zu verwickeln. Wir erzeugen einen solchen konzeptuellen Konflikt, indem wir beispielsweise

- … auf bereits Bekanntes in anderer Form (etwa mit einem farbigen Vergleich) verweisen: Der Leser wird gezwungen, «sich ein Bild zu machen».
- … Widersprüche erzeugen, indem wir alternative Meinungen und Lösungen nennen: Der Leser wird gezwungen, sich selbstständig eine Meinung zu bilden.
- … den Leser vor offene Fragen stellen: Der Leser wird gezwungen, die offenen Fragen zu beantworten.
- … den Leser mit einer gewagten Behauptung provozieren: Der Leser wird gezwungen, Stellung zu nehmen.

Alle diese fruchtbaren Konflikte zwingen den Leser, sich gedanklich mit dem Text auseinander zu setzen und damit den Textinhalt zu verinnerlichen.

Beispiel Das im folgenden Ausschnitt abgebildete Stelleninserat aus dem Kadermarkt *Alpha* (Sommer 1999) verwickelt den Leser in einen konzeptuellen Konflikt. Es beginnt mit der provozierenden Überschrift: «SLI-Buchhalter sind humorlos.»

SLI-Buchhalter sind humorlos.

Von wegen. Wer in einem der führenden SAP-Beratungshäuser der Schweiz in Europa, Asien und Amerika über 150 Kunden betreuen und mit 200 qualifizierten Mitarbeitern/-innen mithalten will, muss schon Spass an der Arbeit haben. Und weil wir durch den Zusammenschluss mit dem amerikanischen Unternehmen NEON in mehr als 50 Ländern auf Expansionskurs sind, suchen wir noch mehr kluge Köpfe, die Herz und Sachverstand auf die Reihe bringen. Für unser Rechnungswesen suchen wir einen

■ Financial Accountant/Controller

Gefragt ist eine qualifizierte Fachkraft mit entsprechender Ausbildung, idealerweise Buchhalter/Controller (Uni/Fachhochschule und/oder eidg. Diplom) mit einigen Jahren Berufserfahrung. Klar, dass Sie eine kommunikative, teamfähige und belastbare Persönlichkeit sind, Englisch in Wort und Schrift beherrschen und Ihren 26 bis 40 Jahre jungen Kopf charmant und kompetent durchsetzen können.
Zu Ihren Aufgaben gehören das operative Tagesgeschäft mit SAP R/3, die monatliche Abschlusserstellung inkl. Reporting nach US GAAP und der Jahresabschluss mit Hilfe einer internationalen Treuhandgesellschaft. Im Controlling betreuen Sie die perioden- und budgetgenaue Verbuchung von Kosten und Erlösen, haben Budgetkontrolle und stimmen Buchhaltungssysteme und Reporting ab.

Das haben Sie davon! Sie können sich auf eine offene, ungezwungene Arbeitsatmosphäre, viel Spielraum mit internationalen Perspektiven zur persönlichen Entwicklung sowie ein fortschrittliches Gehalts- und Förderungssystem freuen.

Das ist kein Witz! Die Chance kostet Sie weniger als ein Lächeln, also greifen Sie zum Telefon oder reichen Sie Ihre schriftliche Bewerbung mit dem Vermerk der anvisierten Position ein.

Die provozierende Überschrift schafft einen fruchtbaren Konflikt.

Der Leser wird zu Assoziationen wie den folgenden angeregt: «Buchhalter gelten ja wirklich als humorlos.» – «Doch wie kommt eine Buchhaltungsfirma dazu, dies von ihren Angestellten öffentlich zu behaupten?» – «Und wie ist das Bild zu verstehen, das einen hemmungslos lachenden jungen Mann zeigt?»

Der Sachverhalt wird durch die Worte «Von wegen» im ersten Satz denn auch kurz und bündig richtig gestellt und der Konflikt gelöst. Der Leser wird den Text nach diesem Einstieg jedoch mit grösserer Aufmerksamkeit verfolgen.

Regel Zwingen Sie den Leser, sich gedanklich mit Ihrem Text auseinander zu setzen. Sie verhelfen Ihrem Text dadurch zu mehr Anreiz und Wirkung.

Anregende und verständliche Sprache – ein Widerspruch?

Ein Text, der farbige Bilder verwendet, auf Widersprüche verweist, Fragen aufwirft oder Provokationen in den Raum stellt, verwickelt die Leser in einen konzeptuellen Konflikt und regt an.

Wir haben weiter oben gesagt, dass Anreiz aus psychologischer Sicht der Gegenspieler von Verständlichkeit ist. Dies bedeutet jedoch keineswegs, dass die Sprache eines anregenden Textes an Verständlichkeit im Sinne unseres Trainingsprogramms einbüsst. Ganz im Gegenteil:

- Betrachten wir die vier wesentlichen Massnahmen, die nach unseren Empfehlungen zum Anreiz eines Textes beitragen, so betreffen sie die inhaltliche Gestaltung unseres Textes.
- In sprachlicher Hinsicht entsprechen die vier inhaltlichen Massnahmen allesamt den Geboten von Leserfreundlichkeit, Logik und Präzision. Betrachten Sie hierzu die folgende Gegenüberstellung:

hoher Anreiz…	*…bedeutet…*	*…für die Verständlichkeit*	*Anforderungsstufe*
farbige Bilder verwenden	etwas mit anderen Worten wiederholen	sinnvolle Redundanz	Präzision (siehe Seite 137 ff.)
auf Widersprüche verweisen	Gegenargumente erwähnen	alle Informationen sind genannt	Logik (siehe Seite 105 f.)
Fragen aufwerfen	keine Gedankensprünge	der Leser wird auf die nächste Information vorbereitet	Logik (siehe Seite 106 ff.)
provozierende Aussagen in den Raum stellen	Klartext reden	die Ausdrucksweise ist konkret	Leserfreundlichkeit (siehe Seite 56 ff.)

Diese Gegenüberstellung zeigt: Texte enthalten nicht *trotz* ihrer sprachlichen Verständlichkeit, sondern gerade *dank* ihrer sprachlichen Verständlichkeit Anreize und entfalten so ihre Wirkung. Das Wesen von Anreiz illustriert der folgende Vergleich zweier Mustertexte, die den Begriff «Raub» umschreiben (aus der Beispielsammlung von I. Langer, F. Schulz v. Thun und R. Tausch; siehe Seite 33):

Text 1	*Text 2*
«Was ist Raub? – Jemand nimmt einem anderen etwas weg. Er will es behalten, obwohl es ihm nicht gehört. Beim Wegnehmen wendet er Gewalt an oder er droht dem anderen, dass er ihm etwas Schlimmes antun werde. Dieses Verbrechen (Wegnehmen mit Gewalt oder Drohung) heisst Raub. Raub wird mit Gefängnis oder Zuchthaus bestraft.»	«Was ist Raub? – Nimm an, du hast keinen Pfennig Geld in der Tasche. Aber was ist das? Da geht eine alte Dame mit ihrer Handtasche über die Strasse. Du überlegst nicht lange: ein kräftiger Schlag auf ihren Arm, und schon bist du mit der Tasche auf und davon. ‹Haltet den Dieb!›, ruft die Dame, weil sie es nicht besser weiss. Richtig müsste sie rufen: ‹Haltet den Räuber!›, denn wenn man dabei Gewalt anwendet oder Drohungen ausstösst, dann ist es Raub. Und wie endet die Geschichte? Nun, meistens endet sie im Knast.»

Der Unterschied zwischen beiden Texten ist klar: Text 2 ist viel anregender als Text 1. Betrachten Sie hierzu folgende Gegenüberstellung:

Text 1	Text 2
nüchterner Textanfang	leichte Provokation am Textanfang («Nimm an, du hast kein Geld»)
anonyme Figuren («jemand»)	persönliche Ansprache («du»)
keine Bilder	farbiger Vergleich («Raub bedeutet: Entwendung unter Gewalt oder Drohung. Also ist es Raub, wenn du einer alten Dame gewaltsam die Handtasche stiehlst.»)
kein Widerspruch	Widerspruch zur Einleitung der Definition («‹Haltet den Dieb!›, ruft die Dame... Richtig müsste sie rufen: ‹Haltet den Räuber!›»)

Dabei entspricht Text 2 in sprachlicher Hinsicht unseren Anforderungen nach Leserfreundlichkeit, Logik und Präzision. Oder anders formuliert: Die Sprache von Text 2 bleibt stets verständlich – und dies allem inhaltlichen Anreiz zum Trotz.

Wir beschränken uns zum Abschluss dieses Trainingsprogramms auf vier sprachliche Massnahmen, die den Anreiz unserer Wörter, unserer Sätze und unseres gesamten Textes fördern. Die entsprechenden Massnahmen sind auf unserer letzten Checkliste «Anreiz» aufgelistet.

Checkliste «Anreiz»

Nr.	Was zeichnet unseren Text aus?	Was ist zu vermeiden?	Häufigkeit des Verstosses im Feldversuch (siehe Seite 36)
4. Anreiz			
4.1.1	■ Kreative Wortwahl	– Wortgleichklang	46,8 %
4.2.1	■ Abwechslungsreicher Satzbau	– Monotone Satzstruktur	6,7 %
4.2.2	■ Farbiger Satzinhalt	– Floskeln	18,8 %
4.3.1	■ Anregende Textgestaltung	– «Aufgeblasenes» Thema («Schreibhysterie»)	11 %

Regel Anregende Texte zeichnen sich durch eine verständliche Sprache aus. Schreiben Sie daher leserfreundlich, logisch und präzise.

Das anregende Wort

Abwechslungsreiche Wortwahl

Das Problem

Nummer 4.1.1 der Checkliste behandelt die Frage der Wortwiederholungen: Die Wiederholung eines einzelnen Begriffs oder die gehäufte Abfolge von gleich gebildeten Wörtern wirkt monoton und einschläfernd. Solcher Gleichklang verringert die Aufmerksamkeit des Lesers und hält ihn von einer gedanklichen Eigenleistung ab. Die Wirkung des Texts (und damit seine Verständlichkeit) ist eingeschränkt.

Keine Monotonie

Wir haben auf Seite 125 ff. gelernt, treffende Wörter zu verwenden. Jedes noch so treffende Wort fällt dem Leser jedoch zur Last, wenn es im selben Text mehrmals und in kurzer Abfolge hintereinander erscheint. Auch entsteht durch unkontrollierte Wortwiederholungen der Eindruck, dem Schreiber seien die Worte ausgegangen.

Beispiele   In den folgenden Textpassagen wird dasselbe Wort (oder derselbe Wortstamm) in kurzen Abständen wiederholt. Die Textpassagen wirken dabei monoton und reizarm.

«Venedig, die Lagunenstadt, ist nicht nur faszinierend ihrer zahlreichen Kunstschätze, der Faszination des Markusplatzes und der Einmaligkeit ihrer Lage *wegen*, sondern auch der verhaltenen Liebenswürdigkeit der Venezianer, der guten Küche und der romantischen Atmosphäre *wegen*.» (aus einem Prospekt der *Railtour Suisse*)
   Der Satz enthält zweimal die unübliche – und durch die Umklammerung (siehe Seite 62 ff.) leserfeindliche – Konstruktion «(einer Sache) wegen». Eine solche Wortwiederholung wirkt unbeholfen.

«*Auch* der Radsportler Michael Lato macht bereits im Nachwuchsalter von sich reden ... So hält der schweizerisch-polnische Doppelbürger *auch* den Schweizer Junioren-Rekord über 1000 Meter. Der 18-jährige Gymnasiast hat dieses Jahr *auch* mehrere internationale Einsätze absolviert und ist dabei *auch* in Mexiko und den USA herumgekommen. Aufwändig ist bei ihm das Training, muss er doch nach Zürich, Genf oder Lausanne, um auf der Bahn trainieren zu *können*.» (*Freiburger Nachrichten* online vom 4. November 1999)

Die Konjunktion «auch» taucht in der kurzen Textpassage viermal auf. Der monotone Gleichklang ist hier deutlich herauszuhören. Der letzte Satz enthält übrigens ein unnötiges Modalverb «können» (siehe Seite 116 ff.).

Die Firma Wander AG unterstützt die Konsumenten ihres Produkts *Gerlinéa* gemäss Textausschnitt auf Seite 154 bei Figurproblemen mit den folgenden Worten:

«Denken Sie bei allen guten Vorsätzen daran, dass Verhaltensänderungen nicht von heute auf morgen vollständig *realisiert* werden können. Lassen Sie sich Zeit, und gehen Sie den Weg in kleinen, *realisierbaren* Schritten. Versuchen Sie, sich durch positives Denken anzuspornen: Halten Sie sich stets vor Augen, was Sie in Ihrem Leben bereits *realisieren* konnten ...»

Auf engem Raum tritt der Fremdwortstamm «realisier(en)» dreimal auf. Die unkontrollierte Verwendung von «realisieren» wird daneben am pleonastischen Zusatz «vollständig» sichtbar (eine Änderung des Verhaltens wird naturgemäss entweder vollständig oder gar nicht «realisiert», sprich verwirklicht; siehe Seite 128 ff.).

Ebenso unangenehm fällt übrigens die Wiederholung einzelner Wortbestandteile auf: das heisst die Wiederholung derselben Endung (beispielsweise der Abstraktendungen -*keit* und -*heit*) oder derselben Silbe. Zu vermeiden sind deshalb Sätze wie «Wir sehen eine Möglich*keit*, die Fällig*keit* Ihrer Verbindlich*keit* aufzuschieben.» oder «Das Zi*tat* macht in der *Tat* deutlich, dass solche Un*tat*en inzwischen gesellschaftlich akzeptiert sind.»

Regel Vermeiden Sie Wort-Gleichklang.

Anreiz

Mit Gerlinéa zum Erfolg

Auf den vorhergehenden Seiten haben wir Ihnen das Gerlinéa-Programm vorgestellt und Ihnen praktische Anhaltspunkte gegeben, wie Sie Ihre Linie unter Kontrolle bringen.

Gerlinéa unterstützt Sie dabei mit Hilfe der neusten Erkenntnisse und mit den bestmöglichen Produkten.

Denken Sie bei allen guten Vorsätzen daran, dass Verhaltensänderungen nicht von heute auf morgen vollständig realisiert werden können. Lassen Sie sich Zeit, und gehen Sie den Weg in kleinen, realisierbaren Schritten. Versuchen Sie, sich durch positives Denken anzuspornen: Halten Sie sich stets vor Augen, was Sie in Ihrem Leben bereits realisieren konnten und wo Sie Ihre Vorsätze eingehalten haben.

Glauben Sie an Ihre Fähigkeiten und Stärken. Sagen Sie sich täglich: «Ich schaffe es!»

Wir wünschen Ihnen dabei viel Erfolg!

Ihre WANDER AG

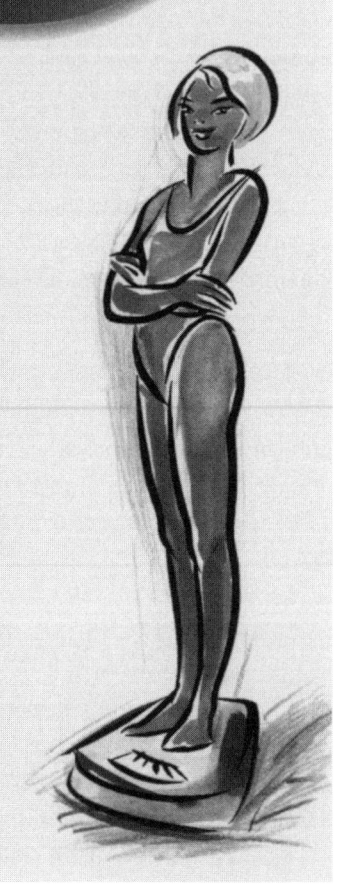

Anregende Wortwahl – hier nicht «realisiert».

Der anregende Satz

Abwechslungsreiche Satzstruktur

Das Problem

Nummer 4.2.1 der Checkliste behandelt die Frage, in welcher Hinsicht Satzstrukturen dem Anreiz unseres Textes förderlich sind: In der Formulierung von Sätzen sind wir an die Gesetze der deutschen Wortstellung gebunden. Die Gebote zur Leserfreundlichkeit und Präzision (keine Schachtelsätze, keine überlangen Sätze usw.) schränken unsere Möglichkeiten zusätzlich ein. Umgekehrt wirkt eine Abfolge von strukturgleichen Sätzen – das heisst: von Sätzen, die in Wortstellung und Länge nicht variieren – monoton und/oder überhastet. Der Leser wird dadurch von einer gedanklichen Eigenleistung abgehalten, die Wirkung des Textes (und damit seine Verständlichkeit) ist eingeschränkt.

Standardwortstellung gegen Anreiz

Ohne Zweifel enthält ein Text wenig Anreiz, dessen Sätze sich in ihrer Struktur – das heisst: in Wortstellung und Satzlänge – kaum voneinander unterscheiden. Umgekehrt haben wir bereits auf Seite 32 gesehen, dass Rhythmuswechsel – das heisst: unterschiedliche Wortstellung und wechselnde Satzlänge – unserem Text mehr Anreiz und Wirkung verleihen.

In der Formulierung deutscher Sätze sind wir jedoch nicht frei. Wir haben auf Seite 62 ff. beziehungsweise auf Seite 132 ff. festgestellt, dass

- … Abweichungen von der Standardwortstellung Subjekt-Prädikat-Objekt nicht zu missverständlichen, leserfeindlichen Sätzen führen dürfen.

■ … Abweichungen von der Faustregel, wonach ein deutscher Satz nur einen Nebensatz enthalten soll, nicht zu überlangen, unpräzisen Sätzen führen dürfen.

Rhythmuswechsel sollen daher nicht auf Kosten von Leserfreundlichkeit und Präzision erfolgen.

Beispiel Die folgenden beiden Textpassagen bieten eine Abfolge von strukturgleichen Sätzen. Sie wirken daher gehetzt oder monoton.

«Die Besetzung ist dem Stück entsprechend: Bekannte Stars wie Klaus Maria Brandauer, welcher den Ill spielt, sowie Anne-Marie Blanc als Claire Zachanassian. Anne-Marie Blanc, unvergesslich als Gilberte de Courgenay. Regie führt kein Geringerer als Ettore Cella. Er hat bei der triumphalen Uraufführung vor 42 Jahren den Eunuchen Kobi gespielt.» (aus unserem Feldversuch)

Die Textpassage setzt sich aus kurzen Hauptsätzen zusammen. Zum Teil verzichtet der Autor gar auf das Verb und greift zu Nominalsätzen (*«Bekannte Stars wie Klaus Maria Brandauer, welcher den Ill spielt, sowie Anne-Marie Blanc als Claire Zachanassian. Anne-Marie Blanc, unvergesslich als Gilberte de Courgenay.»*). Die Folge dieses Telegrammstils: Der Leser wird durch den Text gehetzt und findet keinen Anlass, sich gedanklich in den Text einzubinden.

Die im folgenden Ausschnitt abgebildete Textpassage stammt aus dem *Tages-Anzeiger* vom 28. Januar 2000.

Monotone Satzstruktur

An den Einleitungssatz der zweiten Spalte («Hodgson begann dann doch noch ganz munter zu plaudern...») reihen sich nicht weniger als acht wortkarge, teils subjektlose Hauptsätze, die mehrheitlich von langen Nebensatzgebilden begleitet werden: «Hielt fest, dass er einen intensiveren Kontakt... möchte...», «Sagte, dass es vielleicht nicht so intelligent ist...», «Bedauerte den Transfer...», «Bestätigte, dass Rückkehrer Antonio Esposito im zentralen Mittelfeld Platz findet...» usw. Der Text wirkt monoton und leblos, die Aufmerksamkeit des Lesers reduziert sich zwangsläufig.

Regel Variieren Sie Wortstellung und Länge Ihrer Sätze – aber nicht auf Kosten von Leserfreundlichkeit und Präzision.

Floskeln? Nein danke!

Das Problem

Nummer 4.2.2 der Checkliste behandelt den Gebrauch von Floskeln, das heisst von feststehenden Wendungen: Da die Interpretation einer viel gehörten Floskel eine Routinehandlung darstellt, benötigt der Leser hierfür nur eine geringe gedankliche Eigenleistung. Je geringer die gedankliche Eigenleistung des Lesers ausfällt, desto geringer sind auch Anreiz und Verständlichkeit zu veranschlagen.

Keine Phrasendrescherei

Unter dem Begriff «Floskeln» verstehen wir ständig wiederkehrende, viel gehörte Redewendungen (Phrasen), also eigentliche Sprachschablonen. Eine Floskel lässt sich an ihren Bestandteilen erkennen, die bereits im Zusammenhang von Leserfreundlichkeit und Präzision genannt wurden. Es sind dies

- ... Abstrakta (siehe Seite 56 ff.)
- ... Passivformulierungen (siehe Seite 73 ff.)
- ... Allerweltswörter und Indefinita (siehe Seite 119 ff.)
- ... Pleonasmen und Tautologien (siehe Seite 128 ff.)

Floskeln sind dem Anreiz unseres Satzes abträglich, da sie abgegriffen, ohne Überraschungsmoment und Aussagekraft sind. Ein floskelhafter Text wie der folgende Mustertext lässt sich daher schier ins Endlose erstrecken, ohne zu einer echten Aussage zu gelangen: «Einige Probleme…» – «…stehen im Raum.» «Die Lösung dieser Probleme…» – «…muss unverzüglich an die Hand genommen werden.» «Zu diesem Zweck müssen konkrete Massnahmen…» – «…in die Wege geleitet werden» und so weiter, und so weiter.

Der Leser denkt nach jeder Aussage «was denn sonst?» und wird durch solche Phrasendrescherei verärgert. Wir tun daher gut daran, auf Floskeln zu verzichten.

Beispiele Die folgenden Textpassagen fallen durch die Verwendung von Floskeln auf.

«Sforza gegen Dänemark neu Libero? ‹*Ich muss Lösungen suchen*›, sagt Gilbert Gress nach dem 0:2 gegen Italien in einem TA-Interview.» (*Tages-Anzeiger* vom 12. Oktober 1998)

Der Leser ist von der floskelhaften Aussage «ich muss Lösungen suchen» wenig überrascht. Wenn Probleme anstehen, müssen auch im Fussball schliesslich immer Lösungen gesucht werden. Erheblich an Anreiz gewinnen würde die Textpassage hingegen, wenn mitgeteilt würde, zu welchen konkreten Massnahmen der Trainer greifen will.

Unter dem Titel «CVP Ems mit neuem Leitbild» veröffentlicht die *Südostschweiz* vom 20. Februar 1999 folgenden Text:

«Die CVP-Ortspartei Domat/Ems will sich vor allem in den Bereichen Jugend, Familie, Bildung und Soziales, Freizeit und Erholung, Sprache und Kultur, Verkehr, Tourismus sowie Wirtschaft einsetzen. Dies wird in einem siebenseitigen Leitfaden der Partei festgehalten. Kürzlich vereinbarte der Parteivorstand mit der Fraktion des Gemeinderates, die Arbeit der CVP Ems in Zukunft nach diesem Leitfaden auszurichten, wie aus einer Pressemitteilung hervorgeht.

Im Leitfaden sind gemäss Mitteilung *einige Schwerpunkte* definiert, zum Beispiel die Arbeitsweise der Ortspartei. Mit Plattformen, einzelnen Personen als Anlaufstelle und Arbeitsgruppen *sollen anstehende Fragen analysiert werden*. Gemeinsam entwickelte Lösungen werden dann mit den Exponenten der Partei in den Organen der Gemeinde besprochen. Mit der Jugend will die CVP Ems in ‹angemessener Form zusammenarbeiten› und für deren Interessen einstehen. Ferner will sie sich ‹für Projekte der Jugendförderung im Sinne präventiver Massnahmen› einsetzen. Der Leitfaden enthält neben den verschiedenen Schwerpunkten *Grundsätze und Ziele sowie mögliche Wege, diese Ziele zu erreichen,* wie es in der Mitteilung weiter heisst. Er vermeide es aber absichtlich, ‹den Amtsinhabern zur Problemlösung Auflagen zu erlassen›.»

Dieser Text enthält alles, was das Floskelherz begehrt: «Einige Schwerpunkte» werden «definiert» und «anstehende Fragen analysiert». Die Partei will ferner mit der Jugend «in angemessener Form» zusammenarbeiten und sich «für Projekte der Jugendförderung» einsetzen. Der Leitfaden zeigt schliesslich «mögliche Wege» auf, «diese Ziele zu erreichen». – Indefinita wie «einige» und Allerweltswörter wie «Schwerpunkte», «Fragen» und «Projekte» reichen sich hier die Hand. Der Informationswert des Textes sinkt gegen Null.

Die Floskel hat sich in der Sprache der Wirtschaft eingenistet.

In der Sprache der Wirtschaft hat die Floskel ihren festen Platz. Mit dem im folgenden Ausschnitt abgebildeten Leserbrief reagiert die Swissair im Magazin *Cash* 37/1994 auf eine unliebsame Presseberichterstattung.

Der Unterschied zwischen schlank werden und abspecken

Die Swissair-Pressestelle reagiert sauer, weil CASH hinter die «Win»-Verschleierungsformeln leuchtete

Magerer Informations-Eintopf

Eine Formulierung wie…

«Der *eingeleitete Prozess* ‹Win› ist keine klassische Sparübung, sondern ein *weiterer Schritt im stetigen Prozess der Ergebnisverbesserung der Swissair-Gruppe.*»

…führt uns dabei die wesentlichen Bestandteile einer Floskel noch einmal vor Augen: Allerweltswörter («Prozess», «Schritt»), Abstrakta («Ergebnisverbesserung») und Pleonasmen («stetiger Prozess»).

Besonders beliebt ist die Floskel, wenn es gilt, unliebsame Mitteilungen zu kaschieren (siehe bereits die Abbildung auf Seite 121):
«Der Ansatzpunkt zur Ergebnisverbesserung liegt somit klar nicht bei einem Stellenabbau. Dass es *in einzelnen Bereichen zu einer Reduktion der Stellenzahl* kommen kann, *ist aber nicht auszuschliessen.*»

Wohlgemerkt: Swissair plant nicht die Entlassung von bis zu 4000 Arbeitnehmern. Möglich ist einzig die abstrakte «Reduktion der Stellenzahl», und zwar nur in «einzelnen», nicht genannt sein wollenden «Bereichen».

Regel Hände weg von Floskeln. Sie sind sprachlicher Fastfood.

Der anregende Text

Aus seinem Thema das Beste machen

Das Problem

Nummer 4.3.1 der Checkliste behandelt die thematische Gestaltung unseres Textes: Viele Schreiber stehen unter dem Zwang, auch unbedeutende Inhalte möglichst bedeutend zu präsentieren. Zu diesem Zweck greifen sie zu Übertreibungen, Pleonasmen beziehungsweise Tautologien und Redundanzen, deren Nachteile für die Präzision des Textes bereits geschildert worden sind.

Keine «Schreibhysterie»

Unser Thema ist uns meist vorgegeben – leider, denn nicht jedes Thema ist gleich attraktiv. Dennoch gilt es, in jeder Situation das Beste aus seinen Vorgaben zu machen. Viele Schreiber halten sich nicht an diesen Grundsatz, sondern

- … blasen ein unspektakuläres Thema übermässig durch Superlative auf (siehe Seite 122 ff.).
- … ziehen den Text durch Tautologien beziehungsweise Pleonasmen (siehe Seite 128 ff.) und unnötige Redundanzen (siehe Seite 138 ff.) in die Länge.

Mit anderen Worten: Solche Schreiber verfallen in eine regelrechte «Schreibhysterie».

Beispiel Der folgende Text erscheint in der *Bündner Woche* vom 6. Mai 1999 unter dem Titel «Die Higa 1999 mit neuem Messekonzept». Der Autor zieht vermeintlich alle Register, um das Thema in ein attraktiveres Licht zu rücken:

[Leadtext] «Morgen Freitag wird die Bündner Frühjahrsmesse Higa 99 als wichtigste Konsumgüter-Ausstellung in der Südostschweiz ihre Tore zum 43. Mal öffnen. Eingebettet in ein *neues* Messekonzept zeigen über 250 Aussteller aus der ganzen Schweiz *Neuigkeiten* und *Innovationen*. Besondere Attraktionen bilden auch dieses Jahr die diversen Sonderschauen. Die Higa dauert bis Sonntag, 16. Mai, und ist werktags von 11 bis 22 Uhr, am Sonntag und an der Auffahrt von 10.30 bis 21 Uhr geöffnet.

[Haupttext] Mit wichtigen *Neuerungen* wie dem *neu* konzipierten besucherfreundlichen Rundgang, dem *neuen* Gastronomiekonzept, den informativen Sonderschauen und der *neu* geschaffenen Piazza als Begegnungs- und Veranstaltungsort für Kultur- und Sportanlässe versucht sich die Higa 99 als *Neuheiten*- und Trendmesse mit Erlebnischarakter zu positionieren.»

Merkmal dieses aufgeblasenen Textes ist der ständig wiederkehrende Hinweis, dass die Messe Neues bietet. Bereits der Leadtext «Eingebettet in ein neues Messekonzept zeigen über 250 Aussteller ... Neuigkeiten und Innovationen» enthält dreimal den Begriff des «Neuen» (darunter einmal in Form der Tautologie «Neuigkeiten und Innovationen»). Der Haupttext überbietet den Lead, indem er den Begriff des «Neuen» fünfmal ins Spiel bringt. – Diagnose: Schreibhysterie.

Regel   Machen Sie das Angemessene und Richtige aus Ihrem Thema – bleiben Sie auf dem Boden der sprachlichen Realität.

7 Textoptimierung – wie Sie unsere Checkliste in der Praxis nutzen

7   Textoptimierung

Redigieren von Texten in der Praxis

Unsere Checkliste – ein praktisches Instrument

Unsere Checkliste dient als praktisches Instrument zur Optimierung eigener oder fremder Texte. Denn mit Hilfe der Checkliste können Sie

- … einzelne Verstösse rasch erkennen.
- … die einzelnen Verstösse einfach mit Zahlen benennen (statt sie kompliziert mit Worten zu umschreiben).
- … die entsprechenden Textpassagen danach speditiv verbessern.

Voraussetzung für eine solche Arbeitsweise ist selbstverständlich eine gewisse Vertrautheit mit der Checkliste auf Seite 37 f.

Die Vorteile der Arbeit mit unserer Checkliste zeigen sich an folgendem praxisnahen Korrekturbeispiel.

Korrekturbeispiel: Die Rede des Erziehungsdirektors

Viele mündliche Texte eignen sich nicht direkt für eine schriftliche Wiedergabe, sondern bedürfen einer Überarbeitung und Optimierung – ein Fall für unsere Checkliste.

Die folgende Textpassage stammt aus einem Text des Zürcher Erziehungsdirektors Prof. Dr. Ernst Buschor. Der Text wurde als Rede an der Zürcher Synode 1998 gehalten und danach in *QI* 98/3 veröffentlicht.

«Wir halten heute bereits die letzte Synode dieser Legislaturperiode ab. Allerdings steht noch ein arbeitsreiches Reformjahr bevor …

Ich bin mir bewusst, dass die Qualität unserer Schulen in erster Linie vom täglichen Einsatz aller Lehrkräfte in der Schule abhängt. Wenn wir auch im internationalen Vergleich ein gutes Bildungswesen haben, so ist das in erster Linie ein Verdienst der Lehrkräfte, die täglich mit grossem Engagement und hoher didaktischer Kompetenz ihren Bildungsauftrag erfüllen. Ich danke Ihnen für diesen für die Zukunft unserer Jugend und Gesellschaft entscheidenden Einsatz. Ohne ein ausgezeichnetes Bildungswesen kann unser wichtiger Rohstoff, unser eigenes Können, nicht veredelt werden. Ich ersuche Sie, diesen Dank auch an Ihre Kolleginnen und Kollegen weiterzuleiten. Wir haben gute Schulen – das hat uns letzte Woche auch eine hochkarätige englische Delegation bestätigt.

Unser Bildungswesen steht – wie auch unsere Gesellschaft – im Spannungsfeld von Kontinuität und Wandel, von lokalen und globalen Einflüssen. Einerseits muss Bildung Bleibendes kommunizieren, andererseits muss sie aber auch das Spezifische für die Lebenstüchtigkeit von morgen vermitteln. Dabei besteht natürlich Unsicherheit darüber, worauf es morgen ankommen wird. Die Gefahr ist gross, dass Neues zum Bestehenden gefügt und der Oberflächlichkeit Vorschub geleistet wird. Dies ist auch darauf zurückzuführen, dass es uns schwer fällt, lieb Gewordenes in Frage zu stellen und abzubauen, wo sich Neues aufdrängt. Dabei ist auch zu beachten, dass sich das gesellschaftliche Umfeld ändert. Lokales und Globales leben in wachsendem Masse auf engem Raum. Gesellschaft und Schule stehen in einem engen, vielschichtigen Wechselverhältnis und prägen die Schule mit. Auch im Schulalltag erleben Sie und die Schülerinnen und Schüler eine zunehmend multikulturelle, rastlose, medien- und informationstechnologisch geprägte Jugend.

Dabei ist zu bedenken, dass sich die Kritik der Schule häufig darauf richtet, dass Bewährtes nicht mehr beherrscht wird. Der Schule wird vorgeworfen, sie pflege die Sprachfähigkeit und den schriftlichen Ausdruck in der Muttersprache zu wenig. Dies mag teilweise mit dem vor allem seit den 60er-Jahren steigenden Anteil Fremdsprachiger in den Schulen zusammenhängen.»

Mit Hilfe unserer Checkliste lässt sich der ursprüngliche Redetext für die schriftliche Veröffentlichung folgendermassen optimieren (wenn nötig, sind die einzelnen Korrekturen in der rechten Spalte erläutert):

Das Redigieren von Texten

Originaltext

«Wir halten heute bereits die letzte Synode dieser Legislaturperiode ab. Allerdings steht noch ein arbeitsreiches Reformjahr bevor...

Ich bin mir bewusst, dass die Qualität unserer Schulen in erster Linie vom täglichen Einsatz aller *Lehrkräfte* (1.1.4)[1] in der Schule abhängt.

Wenn (2.1.1)[2] wir *auch* (2.1.1)[3] im internationalen Vergleich ein gutes *Bildungswesen* (1.1.4) haben, so ist das in erster Linie ein Verdienst der Lehrkräfte, die täglich mit grossem Engagement und hoher didaktischer Kompetenz ihren Bildungsauftrag erfüllen (3.2.2)[4]. Ich danke Ihnen für *diesen für die Zukunft unserer Jugend und Gesellschaft entscheidenden* (1.2.2)[5] Einsatz. Ohne ein ausgezeichnetes Bildungswesen kann unser wichtigster Rohstoff, unser eigenes Können, nicht *veredelt* (3.1.3)[6] werden. Ich ersuche Sie, diesen Dank auch an Ihre Kolleginnen und Kollegen weiterzuleiten. Wir haben gute Schulen – das hat uns letzte Woche auch eine *hochkarätige* (3.1.2)[7] englische Delegation bestätigt.

Unser Bildungswesen steht – wie auch unsere Gesellschaft – im Spannungsfeld von Kontinuität und Wandel, von lokalen und globalen Einflüssen. *Einerseits muss Bildung Bleibendes kommunizieren, andererseits muss sie aber auch das Spezifische für die Lebenstüchtigkeit von morgen vermitteln* (1.3.1)[8]. Dabei besteht natürlich Unsicherheit darüber, worauf es morgen ankommen wird. Die Gefahr ist gross, dass Neues zum Bestehenden gefügt und der Oberflächlichkeit Vorschub geleistet *wird* (1.2.3)[9]. *Dies ist auch darauf zurückzuführen, dass es uns schwer fällt, lieb Gewordenes in Frage zu stellen und abzubauen, wo sich Neues aufdrängt* (1.3.1)[10].

Bemerkungen zur Korrektur

1 Abstrakte Begriffe: «Lehrkräfte» ist allzu abstrakt. Wieso nicht konkret «die Qualität hängt vom Einsatz der Lehrerinnen und Lehrer ab»?

2/3 Falscher Satzanschluss durch Konjunktion: Die Konjunktion «wenn» bedeutet «im Falle von...», was hier nicht gemeint sein kann. Die Konjunktion «auch» führt ins Leere. Denn wo sonst als im internationalen Vergleich kann das Schweizer Bildungssystem bestehen?

4 Überlanger Satz.

5 Klemmkonstruktion.

6 Semantisch unzutreffender Begriff: Ein «Rohstoff» lässt sich nicht «veredeln», sondern wird verarbeitet.

7 Ungerechtfertigte Übertreibung: «hochkarätig» ist etwas dick aufgetragen, sofern keine Einzelheiten zu den Teilnehmern folgen.

8 Nur durch Zusatzvermutungen verständliche Textpassage: Die Satzaussage bleibt in vieler Hinsicht rätselhaft. Was sollen die Indefinita «Bleibendes» und «Spezifisches»? In welchem Sinne ist das Verb «kommunizieren» verwendet? Und worin besteht die «Lebenstüchtigkeit von morgen»?

9 Passive Ausdrucksweise: Der Text strotzt von unpersönlichen Ausdrucksweisen («es besteht Unsicherheit», «es wird...ankommen») und passiven Ausdrücken.

10 Nur durch Zusatzvermutungen verständliche Textpassage: Abgesehen davon, dass der Satz überlang ist (3.2.2), stellt er den Leser vor Rätsel: Gemäss vorhergehendem Satz ist es ein Zeichen von Oberflächlichkeit, Neues zum Bestehenden zu fügen. Danach führt der Schreiber die drohende Oberflächlichkeit auf unsere Abneigung zurück, Neues auf Kosten von Hergebrachtem zu übernehmen. Der Leser rätselt: Leistet «Neues» der Oberflächlichkeit nun Vorschub oder nicht?

Dabei ist auch zu beachten, dass sich das gesellschaftliche Umfeld ändert. *Lokales und Globales* (3.1.1) [11] leben in wachsendem Masse auf engem Raum. Gesellschaft und Schule stehen in einem engen, vielschichtigen *Wechselverhältnis (3.2.1)* [12] und prägen die Schule mit. Auch im Schulalltag *erleben Sie und die Schülerinnen und Schüler* eine zunehmend multikulturelle, rastlose, medien- und *informationstechnologisch* (1.1.3) geprägte *Jugend* (1.3.1) [13].

Dabei ist zu bedenken, dass sich die *Kritik der Schule* häufig darauf richtet, dass Bewährtes nicht mehr *beherrscht wird* (1.2.3) [14]. Der Schule *wird vorgeworfen* (1.2.3), sie pflege die *Sprachfähigkeit* (3.1.3) [15] und den schriftlichen Ausdruck in der Muttersprache zu wenig. Dies mag teilweise *mit dem vor allem seit den 60er-Jahren steigenden Anteil Fremdsprachiger in den Schulen* (1.2.2) zusammenhängen.»

11 Indefinita: Die konsequente Ausdrucksweise im indefiniten Neutrum verschleiert den Kern der Aussage (siehe schon unter 8). Wenn «Globales und Lokales auf engem Raum zusammenleben», ist das erträgliche Mass an Unverbindlichkeiten erreicht.

12 Tautologie: «Wechselverhältnis» – ein Verhältnis ist zwangsläufig wechselseitig.

13 Nur durch Zusatzvermutungen verständliche Textpassage: Lehrer/-innen erleben in ihrem Berufsalltag eine rastlose, von den Medien vereinnahmte Jugend, sprich: Jugendliche. Die Schülerinnen und Schüler durchleben eine ebensolche Jugend, sprich: Jugendzeit. Offensichtlich ist der Begriff «Jugend» im Satzgefüge «Sie (= die Lehrer/-innen) und die Schülerinnen und Schüler erleben eine rastlose ... Jugend ...» in doppeltem Sinne gebraucht.

14 Passive Ausdrucksweise: Hier besonders stossend, da der Leser gerne wüsste, wer das «Bewährte» nicht mehr beherrscht. Übrigens muss es richtig heissen: «Kritik an der Schule».

15 Semantisch unzutreffender Begriff: «Sprachfähigkeit» ist angeboren. Treffender muss von «Sprachvermögen» die Rede sein.

Unsere Detailanalyse zeigt deutlich, worin die Hauptschwächen dieses Redetextes in schriftlicher Fassung liegen:

- Die Ausdrucksweise ist zu abstrakt und passiv gehalten. Ein solcher Text kann den Leser nicht begeistern.
- Einzelne Sätze enthalten Klemmkonstruktionen und/oder sind überlang. Ein solcher Text wirkt umständlich.
- Der Argumentation fehlt es in entscheidenden Passagen an Logik. Ein solcher Text kann nicht vollends überzeugen.

Damit sind wir am Ende unseres Trainingsprogramms angelangt. Das folgende Service-Kapitel nennt Ihnen nützliche Bücher und Websites. Und es gibt Ihnen eine Übersicht über die hier verwendeten grammatischen Fachbegriffe sowie die einzelnen Regeln.

8 Nützliche Bücher und Websites, ein Glossar der Fachbegriffe und alle Regeln im Überblick

Nützliche Bücher

Die folgenden Bücher haben uns bei der Arbeit geholfen:

- Steffen-Peter Ballstaedt, Sylvie Molitor, Heinz Mandl, Simar-Olaf Tergan: *Texte verstehen, Texte gestalten*, München, Urban & Schwarzenberg 1981.
  Ein Klassiker der Verständlichkeitsforschung.

- Peter Braun: *Tendenzen in der deutschen Gegenwartssprache. Sprachvarietäten*, Stuttgart/Berlin/Köln, Verlag W. Kohlhammer 1993 (3., erweiterte Auflage).
  In welche Richtung entwickelt sich die deutsche Gegenwartssprache? Brauns Buch weiss die Antwort.

- Dagmar Gassdorf: *Das Zeug zum Schreiben. Eine Sprachschule für Praktiker. Mit Stilblüten zum Schmunzeln und Übungen zum Bessermachen*, Frankfurt am Main, IMK 1996.
  Das Buch hält, was der Titel verspricht: eine sehr praxisnahe Stilkunde mit vielen aktuellen Beispielen und Übungen.

- Norbert Groeben: *Leserpsychologie. Textverständnis – Textverständlichkeit*, Münster, Aschendorff 1982.
  Eine kritische Würdigung des «Hamburger Modells».

- Jürg Häusermann: *Journalistisches Texten. Sprachliche Grundlagen für professionelles Informieren*, Aarau (CH)/Frankfurt am Main, Sauerländer 1993.
  Häusermanns Werk ist ein Muss für alle Praktiker, die sich über Recherche, Informationsaufbereitung, Textgestaltung usw. informieren wollen.

- Stefan Heijnk: *Textoptimierung für Printmedien (Theorie und Praxis journalistischer Textproduktion)*, Opladen, Westdeutscher Verlag GmbH 1997.
  Die aktuelle Übersicht über Theorie und Praxis des Textoptimierens.

- Walter Heuer, Max Flückiger, Peter Gallmann: *Richtiges Deutsch. Die Sprachschule für alle*, 23. Auflage (vollständig neu bearbeitet), Zürich, Verlag Neue Zürcher Zeitung 1997.
  Der Klassiker aus dem Verlag der Neuen Zürcher Zeitung.

- Ingard Langer, Friedemann Schulz von Thun, R. Tausch: *Verständlichkeit in Schule, Verwaltung, Politik und Wissenschaft. Mit einem Selbsttrainingsprogramm zur verständlichen Gestaltung von Lehr- und Informationstexten*, 1. Auflage: München/Basel, Reinhardt 1974; 2. Auflage: *Sich verständlich ausdrücken*, 1981.
  Das «Hamburger Modell», auf dessen Fundament unser Buch aufbaut.

- Daniel Perrin: *Schreiben ohne Reibungsverluste: Schreibcoaching für Profis*, Zürich, Werd Verlag 1999.
  Daniel Perrin ist seit 1999 Textchef des Zürcher Tages-Anzeigers. Er zeigt in seinem modern aufgemachten Buch, wie sich sein Modell zur Textproduktion in die Praxis umsetzen lässt.

- Willy Sanders: *Gutes Deutsch – Besseres Deutsch*, Darmstadt, Wissenschaftliche Buchgesellschaft 1986.
  Eine klassische Stillehre, aber im Gegensatz zu vergleichbaren Werken stark gegenwartsorientiert und mit guten Literaturverweisen.

- Wolf Schneider: *Deutsch für Profis. Wege zu gutem Stil*, Hamburg, Gruner+Jahr AG & Co. 1991 (10. Auflage).
  Wolf Schneider ist der wohl bekannteste Sprachkritiker unserer Zeit. Dieses Buch ist ein Standardwerk für Schreibprofis.

- Wolf Schneider, Paul-Josef Raue: *Handbuch des Journalismus*, Reinbek bei Hamburg, Rowohlt Verlag GmbH 1996.
  Ein echtes Handbuch, in dem Wolf Schneider seine sprachlichen Empfehlungen in aktualisierter und komprimierter Form präsentiert.

- Bernhard Sowinski: *Deutsche Stilistik. Beobachtungen zur Sprachverwendung und Sprachgestaltung im Deutschen*, Frankfurt am Main, Fischer Taschenbuch Verlag 1972.
  Eine klassische Stilkunde mit wunderschönen Textbeispielen aus der deutschen Literatur. Dieses Buch ist weniger für die Praxis geeignet als vielmehr für das elementare Verständnis von Stil und Stilmitteln.

- Peter Teigeler: *Verständlichkeit und Wirksamkeit von Sprache und Text*, Stuttgart, Verlag Nadolski 1968.
  Teigelers Buch ist schon etwas in die Jahre gekommen. Es bietet jedoch auf knappem Raum einen guten Überblick über die Forschung der Textverständlichkeit seit ihren Anfängen.

Nützliche Websites

- www.bsz-bw.de
  Die Website des *Bibliotheksservice-Zentrums Baden-Württemberg* mit einem umfassenden Verzeichnis deutscher Zeitungen und Zeitschriften.

- www.ids-mannheim.de
  Die Website des *Instituts für Deutsche Sprache* in Mannheim. Der Online-Pressespiegel ist immer auf dem neuesten Stand, die Informationen zur deutschen Sprache enthalten viele weiterführende Links.

- www.sageundschreibe.ch
  Die Website zu unserem Buch mit vielen neuen Textbeispielen und aktualisiertem Unterrichtsmaterial.

- www.swisspr.ch
  Die Website des *Schweizerischen Public Relations Instituts (SPRI)*. Sie enthält viel Wissenswertes zu Public Relations und viele nützliche Links in die Welt der Kommunikation.

- www.zeitung.ch
  Das umfassende Verzeichnis Schweizer Zeitungen und Zeitschriften.

Ein Glossar der grammatischen und stilistischen Fachbegriffe

- Abstraktum, das (Plural: die Abstrakta): Ein →Nomen, das nur geistig Wahrnehmbares bezeichnet (Beispiele: Ewigkeit, Liebe, Leben, Bereitschaft). Typische Endungen der Abstrakta sind *-heit, -keit, -tät, -ung* usw.

- Adjektiv, das: Eine Wortart, das «Eigenschaftswort» (Beispiele: neu, alt, fröhlich). Meist beschreibt das Adjektiv in seiner Funktion als →Attribut ein zugehöriges →Nomen (Beispiele: der *neue* Schuh, der *alte* Mann). – Ein Adjektiv kann auch als →Adverb verwendet werden. (Beispiele: Ich habe *lange* gewartet. Ich habe *gut* gegessen.)

- Adverb, das (Plural: die Adverbien): Eine Wortart, das «Umstandswort» (Beispiele: heute, erstens, dort).

- Adverbiale, das (Plural: die Adverbialen): Die nähere Bestimmung der im →Prädikat – also meistens im Verb – ausgedrückten Handlung durch ein →Adverb. (Beispiele: *Heute* haben wir *viel* Spass gehabt. *Gestern* hat es *heftig* geregnet.)

- Akkusativ, der: Der «Wenfall» beim →Nomen oder →Adjektiv.

- Allerweltswort, das: Ein →Nomen, das keine präzise Bedeutung hat und meist entbehrlich ist (Beispiele: Aspekt, Bereich).

- Attribut, das: Die Erweiterung eines →Nomens durch ein →Adjektiv oder einen hinzugefügten Genitiv. (Beispiele: ein *teures* Auto, das Auto *des Vaters*.)

- Augenblickskompositum, das (Plural: die Augenblickskomposita): Ein →Nomen, das spontan aus der Zusammensetzung mehrerer einzelner Glieder entsteht. (Beispiele: die Amtsbefähigungserlaubnis, die Inangriffnahme, das Vor-lauter-Freude-in-die-Luft-Springen.)

Glossar

- Aussageweise (des Verbs), die: Die Aussageweise (der «Modus») gibt an, ob die Handlung des Verbs als real, irreal, gewollt, möglich u. v. a. zu verstehen ist. Zu den Aussageweisen («Modi») des Verbs gehören →Indikativ, →Imperativ, →Konjunktiv I und →Konjunktiv II.

- Dativ, der: Der «Wemfall» beim →Nomen oder →Adjektiv.

- Floskel, die: Eine ständig wiederkehrende, viel gehörte Redewendung (Phrase) oder Sprachschablone. (Beispiel: Ein Problem steht im Raum und dafür muss eine Lösung gefunden werden.)

- Fremdwort, das: Ein →Nomen oder →Adjektiv fremder Herkunft, das – im Gegensatz zum Lehnwort – noch nicht eingedeutscht worden ist. Typisch für Fremdwörter sind daher fremde Pluralbildungen (Beispiele: das Abstraktum = die Abstrakta, das Prinzip = die Prinzipien, das Klima = die Klimate).

- Futur, das: Eine →Zeit des Verbs, die «Zukunft». Das Futur I versetzt die Handlung in die Zeitstufe Zukunft. (Beispiel: Ich werde morgen nach Hause fahren.) Das seltene Futur II («Vorzukunft») drückt aus, dass die Handlung in der Zukunft abgeschlossen sein wird. (Beispiel: Ich werde morgen um 10 Uhr bereits in New York gelandet sein.)

- Genitiv, der: Der «Wesfall» beim →Nomen oder →Adjektiv.

- Imperativ, der: Eine →Aussageweise des Verbs. Der Imperativ, die «Befehlsform». Der Imperativ drückt einen Befehl aus. (Beispiel: Geh nach Hause!)

- Indefinitum, das (Plural: die Indefinita): Ein →Pronomen, das auf keine feste Grösse verweist (Beispiele: man, es, viele, einige, irgendwelche). Oder eine davon abgeleitete Bildung (Beispiele: vielerorts, mancherlei).

- Indikativ, der: Eine →Aussageweise des Verbs. Der Indikativ zeigt an, dass die im Verb ausgedrückte Handlung tatsächlich erfolgt bzw. real ist. (Beispiel: Die Erde dreht sich um die Sonne.)

- Klemmkonstruktion, die: Eine Klemmkonstruktion entsteht, wenn zwischen Artikel und Nomen zusätzlich ein →Adjektiv/Partizip sowie ein →Adverb geklemmt wird. (Beispiel: Die gestern nachmittag zwischen beiden Parteien erfolgreich verlaufenen Verhandlungen.)

- Konjunktion, die: Eine Wortart, das «Bindewort». Die koordinierende Konjunktion verbindet Wörter, Wortgruppen oder Hauptsätze (Beispiele: und, oder, aber). Die subordinierende Konjunktion fügt den Nebensatz an den Hauptsatz (Beispiele: weil, nachdem, obwohl).

- Konjunktiv I, der: Eine →Aussageweise des Verbs. Der Konjunktiv I zeigt an, dass die im Verb ausgedrückte Handlung nur möglich/erhofft/vorgestellt ist. (Beispiel: Er behauptet, er *habe* den ganzen Tag *gearbeitet*.)

- Konjunktiv II, der: Eine →Aussageweise des Verbs. Der Konjunktiv II zeigt an, dass die im Verb ausgedrückte Handlung unwirklich/irreal ist. (Beispiel: *Hätte* ich im Lotto *gewonnen*, *wäre* ich jetzt reich.)

- Modalpartikel, die: Ein kleines, unveränderliches Wort («Partikel»), das die im →Prädikat – also meistens im Verb – ausgedrückte Handlung näher bestimmt nach Möglichkeit, Sicherheit (Beispiele: wohl, sicher, fast).

- Modalverb: Die Verben *wollen, sollen, müssen, dürfen, können, mögen* werden «Modalverben» genannt, wenn sie mit dem Infinitiv (der «Grundform») eines anderen Verbs gebraucht werden; dabei bestimmen sie diesen Infinitiv näher nach Notwendigkeit, Wünschbarkeit, Möglichkeit usw. der Handlung. (Beispiele: Ich *will* jetzt gehen. Ich *muss* jetzt gehen. *Kannst* du morgen kommen?)

- Nomen, das (Plural: die Nomina): Eine Wortart, das «Substantiv» oder «Hauptwort» (Beispiele: Mann, Frau, Haus).

- Nominalgruppe, die: Eine Nominalgruppe entsteht, wenn an ein →Nomen eine Reihe von mindestens zwei →Genitivattributen und/oder →Adverbialen gehängt wird. (Beispiel: Das Haus des Freundes meines Vaters in Langnau am Albis.)

- Nominalisierung, die: Eine Nominalisierung liegt vor, wenn von einem Verb ein Nomen abgeleitet wird (Beispiele: fliegen = der *Flug*, leisten = die *Leistung*). Die Nominalisierung gehört meist zu den abstrakten Begriffen (→Abstraktum).

- Nominativ, der: Der «Werfall» beim →Nomen oder →Adjektiv und der Fall des →Subjekts.

- Oberbegriff, der: Ein Oberbegriff liegt vor, wenn von einem Begriff, der einzelne Individuen bezeichnet, ein Sammelbegriff abgeleitet wird. (Beispiele: die Schüler = die *Schülerschaft*, die Menschen = die *Menschheit*, die Tiere = die *Tierwelt*.) Der Oberbegriff gehört meist zu den abstrakten Begriffen (→Abstraktum).

- Objekt: Ein Satzteil, der das Ziel der im →Prädikat – also meist im →Verb – ausgedrückten Handlung angibt. Das Deutsche unterscheidet zwischen →Akkusativobjekt und →Dativobjekt (Beispiele: Ich schreibe *einen Brief* bzw. Kälte schadet *mir*). Die Frage nach dem Objekt lautet daher «wen oder was?» (Akkusativobjekt) bzw. «wem?» (Dativobjekt).

- Partizip, das (Plural: die Partizipien): Eine Wortart, das vom →Verb abgeleitete «Mittelwort». Das Partizip verhält sich wie ein →Adjektiv. Das Deutsche unterscheidet zwischen Partizip I (Beispiele: *sprechend, sehend, sagend*) und Partizip II (Beispiele: *gesprochen, gesehen, gesagt*).

- Passiv, das: Die «Leideform» des Verbs, die mit dem Hilfsverb *werden* sowie dem →Partizip II gebildet wird (Beispiel: Der Baum *wurde* vom Blitz *getroffen*). Dem Passiv steht das Aktiv, die «Tatform», gegenüber. (Beispiel: Der Blitz *traf* den Baum.)

- Perfekt, das: Eine →Zeit des Verbs, die «Vorgegenwart». Das Perfekt versetzt die Handlung des Verbs in die Vergangenheit. Dabei zeigt es an, dass die Handlung noch Auswirkungen auf die Gegenwart hat. (Beispiel: Gestern nacht *hat* es *geregnet* und daher sind die Strassen nass.)

- Pleonasmus, der: Ein Pleonasmus entsteht, wenn zwei sinngleiche Begriffe unterschiedlicher Wortart (zum Beispiel ein sinngleiches →Adjektiv und ein →Nomen) miteinander kombiniert werden. (Beispiele: Die *tote Leiche* liegt im *weissen Schnee*.)

- Plusquamperfekt, das: Eine →Zeit des Verbs, die «Vorvergangenheit». Das Plusquamperfekt versetzt die Handlung des Verbs in die entfernte (vor der Zeitstufe des →Präteritums liegende) Vorvergangenheit. (Beispiel: Nachdem es tagelang *geschneit hatte*, rollten die Lawinen zu Tal.)

- Prädikat, das: Ein Satzteil, die «Satzaussage». Das Prädikat besteht aus dem Verb und bildet die Grundlage des Satzes. (Beispiele: Der Hund *bellt*, das Kind *singt* ein Lied.)

- Präsens, das: Eine →Zeit des Verbs, die «Gegenwart». Das Präsens versetzt die Handlung in die Gegenwart oder in eine nahe Zukunft. (Beispiel: Es *regnet*, bald *schneit* es.)

- Präteritum, das: Eine →Zeit des Verbs, die «Vergangenheit», oft auch das «Imperfekt». Das Präteritum versetzt die Handlung des Verbs in die Vergangenheit. Dabei zeigt es an, dass die Handlung auf die Gegenwart keine Auswirkungen mehr hat. (Beispiel: Damals *schneite* es tagelang und wir *konnten* keinen Fuss ins Freie setzen.)

- Pronomen, das (Plural: die Pronomen): Eine Wortart, das «Fürwort». Das Pronomen ist Begleiter oder Stellvertreter eines →Nomens. (Beispiel: *Dieser* Mann gefällt mir; *er* zeigt Entschlossenheit.)

- Redundanz, die: Die Wiederholung eines Sachverhalts im selben Text.

- Reihenbildung, die: Unschöne stereotype Bildungen gleicher Endung, meistens →Adjektive (Beispiele: mach-bar, ableit-bar, sicht-bar, mengen-mässig, gleich-mässig).

- Satzklammer, die: Eine Eigenheit der deutschen Wortstellung. Eine Satzklammer kommt bei zusammengesetzten Verben oder im Perfekt zu Stande, wo das bedeutungstragende Verb erst am Satzende – also hinter allen anderen Satzteilen – erscheint. (Beispiele: Die Generäle *schlugen* die Frauen und Kinder der eroberten Stadt *vor.* bzw. Die Regierung *hat* gestern abend in der Bundeshauptstadt nach langen Beratungen einen Antrag der liberalen Partei, der die nationale Verkehrspolitik besser an die EU-Normen anpassen will, *angenommen.*)

- Schachtelsatz, der: Ein Schachtelsatz entsteht, wenn in einen Nebensatz mindestens ein weiterer Nebensatz verschachtelt wird. (Beispiel: Nachdem die Verhandlungen, die an einem Ort, der von den Beteiligten geheim gehalten wurde, gescheitert waren, bestand keine Hoffnung mehr auf Frieden.)

- Subjekt, das: Ein Satzteil, der «Satzgegenstand». Das Subjekt ist der Träger der Handlung, die im →Prädikat ausgedrückt wird. (Beispiele: *Der Hund* bellt. *Das Kind* spielt.) Die Frage nach dem Subjekt lautet «wer oder was (tut etwas)?».

- Superlativ, der: Die höchste Stufe in der Steigerung des →Adjektivs, die «Höchststufe» (Beispiele: das *höchste* Haus, der *beste* Wein).

- Synonym, das: Ein bedeutungsgleiches Wort (Beispiel: das Mobilfunkgerät = das Handy = schweizerisch das Natel).

- Tautologie, die: Eine Tautologie entsteht, wenn zwei sinngleiche Begriffe gleicher Wortart (zum Beispiel zwei sinngleiche →Adjektive) miteinander kombiniert werden. (Beispiele: Das *schnelle geschwinde* Auto. Mit den neuen Laptops lässt sich die Arbeit *schneller* und *effizienter* erledigen.)

- «Umklammerungsregel», die: →Satzklammer.

- Verb, das: Eine Wortart, das «Tätigkeitswort».

- Standardwortstellung, die: Im gewöhnlichen deutschen Satz folgen die einzelnen Satzglieder in der Reihenfolge Subjekt-Prädikat-Objekt aufeinander. (Beispiele: Ich lese ein Buch. Das Kind gehorcht dem Vater.)

- Zeit (des Verbs), die: Die Zeit («Tempus») drückt aus, zu welchem relativen Zeitpunkt (zu welcher Zeitstufe) die Handlung des Verbs erfolgt. Das Deutsche kennt die folgenden Zeiten («Tempora»): das →Präsens («Gegenwart»), das →Perfekt («Vorgegenwart»), das →Präteritum (oft «Imperfekt» oder «Vergangenheit»), das →Plusquamperfekt («Vorvergangenheit»), das →Futur I («Zukunft») sowie das seltene Futur II («Vorzukunft»).

Alle Regeln im Überblick

Schreiben Sie verständlich!

- Seien Sie verständlich, denn Ihr Leser verspricht sich von der Lektüre Ihres Textes einen persönlichen Gewinn.

- Seien Sie verständlich – selbst wenn die Gepflogenheiten der modernen Informationstexte Sie oft daran hindern.

Die erste Anforderung: schreiben Sie leserfreundlich!

- Am Anfang jedes Schreibens steht die Leserfreundlichkeit: Erleichtern Sie den Texteinstieg, beseitigen Sie Lesehemmnisse, behandeln Sie den Leser zuvorkommend.

- Führen Sie Namen und Fachbegriffe ein. Vermeiden Sie unnötigen Fachjargon und zahllose Synonyme.

- Verwenden Sie gebräuchliche Fremdwörter; suchen Sie bei ungebräuchlichen nach der deutschen Entsprechung. Überprüfen Sie viel gehörte Fremdwörter nach ihrer korrekten Bedeutung.

- Reihenbildungen und Augenblickskomposita werden schnell zu leserfeindlichen Wortungeheuern. Ersetzen Sie Reihenbildungen und Augenblickskomposita im Zweifelsfalle durch eine längere Formulierung.

- Begegnen Sie dem Leser möglichst direkt. Vermeiden Sie eine allzu abstrakte Sprache.

- Erschweren Sie das Textverständnis nicht durch wortreiche Satzklammern. Vermeiden Sie eine missverständliche oder irreführende Wortstellung.

- Verzichten Sie auf Nominalgruppen und Klemmkonstruktionen, muten Sie Ihren Lesern keine Schachtelsätze zu. Ein Satz zu viel ist keine Schande, wenn der Text dadurch an Leserfreundlichkeit gewinnt.
- Das passive Verb ist informationsarm und wirkt unpersönlich. Bevorzugen Sie daher das aktive Verb.
- Bleiben Sie auf dem Teppich Ihrer sprachlichen Möglichkeiten: lieber einfach und solide als hochtrabend und unverständlich.

Die zweite Anforderung: schreiben Sie logisch!

- Schreiben Sie logisch. Führen Sie Ihren Leser durch den Text.
- Verwenden Sie koordinierende Konjunktionen bewusst und überlegt. Kontrollieren Sie den Gebrauch der rückverweisenden Pronomen.
- Beim Gebrauch der Zeiten und Aussageweisen geraten selbst Schreibprofis ins Straucheln. Schenken Sie daher Zeiten und Aussageweisen Ihre volle Aufmerksamkeit.
- Stellen Sie den logischen Textzusammenhalt sicher. Ordnen Sie alle Fakten in der richtigen Abfolge und informieren Sie den Leser vollumfänglich.
- Vollziehen Sie alle Denkschritte vor den Augen Ihrer Leser. Gehen Sie sicher, dass Ihr Text keine gedanklichen Lücken enthält.

Die dritte Anforderung: schreiben Sie präzise!

- Schreiben Sie knapp und präzise. Verlieren Sie keine unnötigen Worte.
- Beseitigen Sie unnötigen Wortballast. Verzichten Sie auf Modalverben, Modalpartikel und Allerweltswörter.
- Bleiben Sie glaubwürdig. Verwenden Sie Superlative zurückhaltend.
- Bemühen Sie sich um das treffende Wort. «Nehmen Sie das Wort beim Wort.»

- Überprüfen Sie Ihren Text auf Tautologien und Pleonasmen. Führen Sie im Zweifelsfall den Oppositionstest durch.

- Achten Sie auf die Länge Ihrer Sätze und verteilen Sie die Information auf verdauliche Portionen. Denken Sie daran: «Weniger ist manchmal mehr.»

- Gehen Sie mit Ihren Informationen präzise um. Trennen Sie Wesentliches von Nebensächlichem. Nennen Sie Wichtiges vor Unwichtigem.

Die vierte Anforderung: schreiben Sie anregend!

- Zwingen Sie den Leser, sich gedanklich mit Ihrem Text auseinander zu setzen. Sie verhelfen Ihrem Text dadurch zu mehr Anreiz und Wirkung.

- Anregende Texte zeichnen sich durch eine verständliche Sprache aus. Schreiben Sie daher leserfreundlich, logisch und präzise.

- Vermeiden Sie Wort-Gleichklang.

- Variieren Sie Wortstellung und Länge Ihrer Sätze – aber nicht auf Kosten von Leserfreundlichkeit und Präzision.

- Hände weg von Floskeln. Sie sind sprachlicher Fastfood.

- Machen Sie das Angemessene und Richtige aus Ihrem Thema – bleiben Sie auf dem Boden der sprachlichen Realität.